安 心 し て 暮 ら せ る 社 会 へ

がんと向き合う

新潟日報報道部／編

はじめに

医療の発達でがんは治せる病気になりました。また、早期に発見すれば治る確率は高くなります。それを知識としては知っていても、医師からがんと告げられれば多くの人は言葉を失うでしょう。働き盛りなら、生活と生きがいのための仕事を失わないか大きな不安に襲われるはずです。患者を支え貴重な戦力として生かし続けるための企業や社会の意識、態勢が整っているとはいえない現状もあります。

一方で、がんにかかる人は増えており、国民病といえるほどです。医療の世界はもちろん、地域や自治体が対応すべき課題は、日々増えていくのではないでしょうか。何よりも私たち一人一人、そして家族が、がんと真正面から向き合っていく必要がある―。取材に当たっての問題意識は、人間の命と暮らしに関わる根源的なものでした。

ただ、新潟県に基盤を置く地方紙として、最も大切にしたのはもちろん、住民、地域からの視点です。この姿勢があったからこそ、がんをめぐるさまざまな問題をよりくっきりと浮き彫りにできたと考えています。

本書は新潟日報の生活面で２０１５年1月にスタートした連載をまとめました。取材対象者に多大なご協力をいただいたことに感謝いたします。時につらい取材を重ね、冷静に、分かりやすく文章を連ねて、記者たちは成長しました。これからも地域に密着した報道を続ける土台となることでしょう。彼らの思いを乗せた本書が、がん克服の一助になることを祈ります。

新潟日報社編集局長　服部誠司

本書は、２０１５年1月～17年1月に掲載された長期企画「がんと向き合う―あんしんネット」を編集したものです。連載以外は補遺としてまとめました。書籍化にあたり、文中の所属や肩書、年齢などは新聞掲載時のままとしています。がん医療の状況は、当時からさらに進歩している部分もあります。

目次

がんと向き合う

第一章　働く　手探りの支援

働く世代でがんになる人は大勢いる。ただ、がんは治療が長期に及ぶことも多く、同僚に迷惑を掛けてしまうからと病気を隠して無理を重ねたり、職場に居づらくなって辞めてしまったりする人が少なくない。がんになっても働き続けたいと願う患者を支えるため、何が必要なのだろうか。

隠して勤務

「がんになったことを自分の欠点だと思っていたのかも…。がんだからと特別扱いを受けたり、かわいそうだという目で見られたりしたくなくて」。新潟市の小山泉さん（44）＝仮名＝は、職場の同僚に乳がんの治療中であることを隠しながら、市内の福祉施設で働いていた当時の心境を振り返る。

社会福祉士の証書を抱える小山泉さん。少しずつ就職活動を始めているという＝新潟市内

キャリアアップを目指し、留学準備中だった33歳の時に乳がんが見つかり、手術した。将来のことを考える中で、病気の経験を生かして患者への生活支援ができるような社会福祉士になりたいと思うようになった。ホルモン治療を続けながら専門学校に通い、資格を取得した。

就職先の面接で恐る恐るがんで治療中であることを告げると、担当者の顔色が急に変わった。仕事への影響を何度も聞かれた。「大丈夫です」と答えてしのいだが、「がんだなんて言わなければよかった」と後悔した。

採用にはこぎ着けたが、治療の副作用でめまいや発汗、肌荒れなどの症状があり、実のところ体はきつかった。周囲に悟られないよう、必死に平静を取り繕った。普段の通院は週末を利用し、定期検査で平日に休まなければならない際は「私用にて」とだけ告げた。

3年後、無事に治療を終えた。ただ、やはり乳がんのことは話せなかった。こうした環境や仕事にもストレスが重なり、「がんの再発を防ぐためにも良くない」とその後退職した。「キャリアアップしたくて、がんでも普通の人と変わらないと、逆に気を張っていたと思う。今度就職する時はがんを隠さないつもり。『風邪をひいた』と言うのと同じように、がんで手術をしたと言える雰囲気があればいいのに」

2人に1人ががんになる時代。働く世代も目立つが、医療関係者は現状について「企業側が治療中の患者をどう扱ったらいいか分からず、『十分に働けない』『すぐ休む』とレッテルを貼りがち。患者は負い目を感じてしまう」と指摘する。また、がんと分かった時点で離職する患者が少なくない。

燕市の中田明美さん（49）＝仮名＝も大腸がんの告知を受け、契約を更新したばかりだった製造業のパートを自ら辞めた。「治療は長期に及び、有休も使い切ってしまうだろうし、がんだから辞めるしかないと思った」と話す。

県立がんセンター新潟病院（新潟市中央区）で、患者の就労相談に乗っているがん看護専門看護師、柏木夕香さん（41）は「患者はただでさえ、がんになったのは自分のせいだと罪悪感のようなものを感じて自尊心が低下しやすい。自分で限界を設定せずに相談してほしい」と呼び掛ける。

かさむ費用

支払った治療費はすでに200万円を超えた。「想像以上の金額…」。下越地方に暮らすパート佐藤麻衣子さん（42）＝仮名＝はため息をついた。

乳がんと診断され、2008年暮れに右乳房の全摘手術を受けた。ホルモン治療の副作用に悩まされ、当時していたパートの仕事を辞め、治療に専念した。

しかし、10年に局所再発が判明。再度の手術と、その後25回の放射線治療は家計を直撃した。夫はサラリーマン。これから教育費が掛かる中学生と高校生の子どもがいる。住宅ローンも残っている。「通帳の残高が見る見る減っていく。収入がままならないのが不安で仕方なくて」。体調が優れない中、治療費を稼ぐためには仕事をせざるを得なかった。知り合いが経営する別の会社で事務のパートを再開した。

12年には骨や肝臓などへの遠隔転移が見つかった。現在は3週間に1回、抗がん剤を打ちながら仕事を続けている。抗がん剤は1回当たり、高い時で約3万5千円掛かる。治療の影響でかかりつけの歯科や耳鼻科などを受診する回数が増えた。副作用の脱毛をカバー

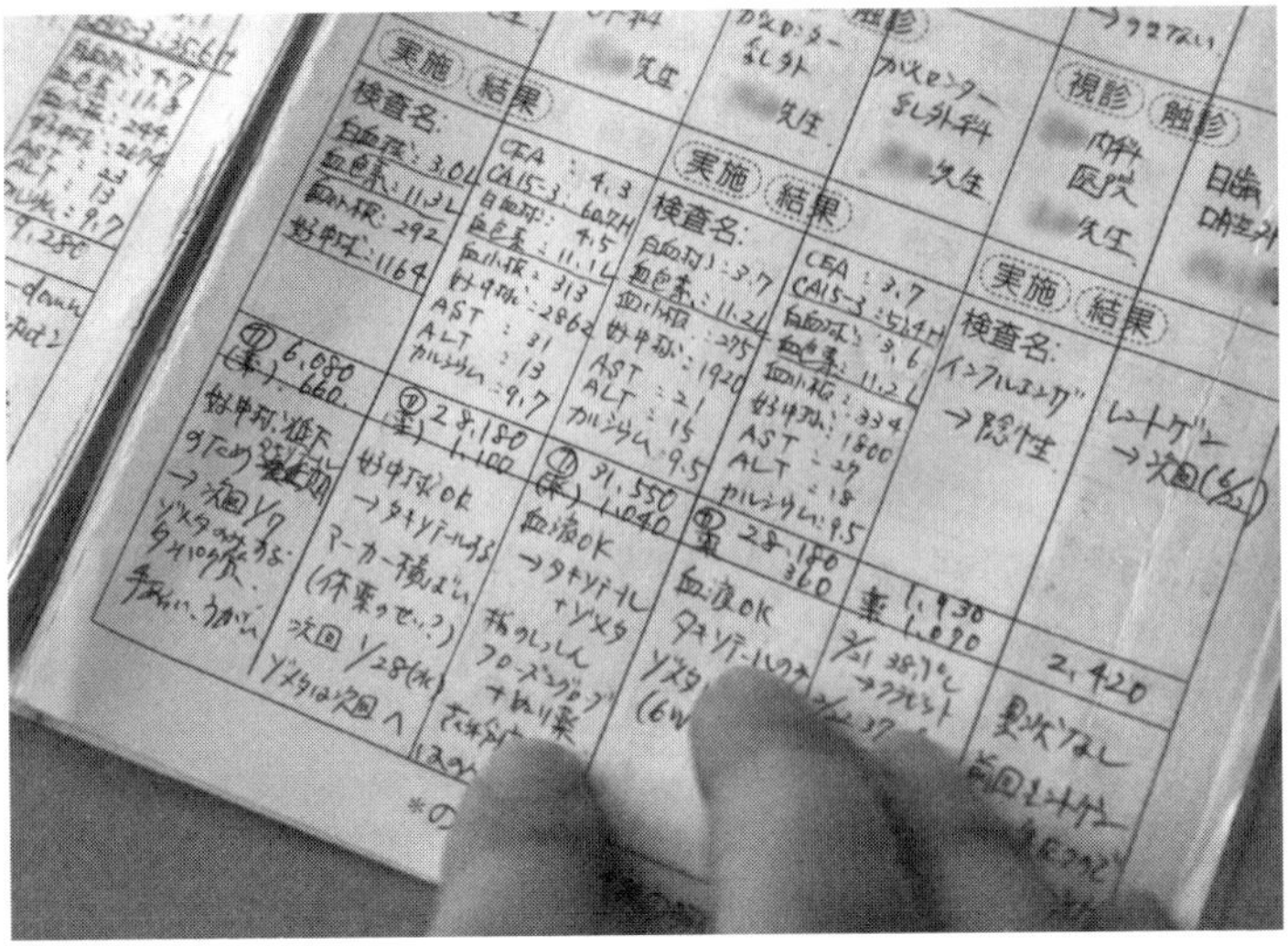

びっしりと文字が書き込まれた佐藤麻衣子さんの手帳。支払った治療費も細かく記録している（画像を一部加工しています）

する帽子などの出費も必要だ。そうはいっても体力が落ちており、副作用の影響で休んだり、勤務時間を短くしたりで収入確保は思うようにはいかない。

「今は分子標的薬など薬もいいものがある。がんが再発しても長く生きていられるが、治療はずっと続き費用がかさむ。でも、いつまで働けるか」と不安を吐露する。

がん患者には、経済的な問題も大きくのしかかっている。厚生労働省の研究班が12年にまとめた報告書によると、がん患者427人のうち、192人（44・9％）が診断後に収入減を経験していた。世帯収入が減ったという人は46・6％だった。

一方では、手術と化学療法、放射線治療を組み合わせる「集学的治療」の普及や、分子標的薬など新薬の開発に伴い、がん治療費は高額化している。保険診療の範囲であれば自己負担額には「高額療養費制度」で一定の上限があるとはいえ、数万円単位の支払いは家計を圧迫する。

「一家の大黒柱ががんに倒れ、仕事を辞めて生活が一変した」「治療するお金がない」――。がん診療連携拠点病院に設置されている県内の「がん相談支援センター」に寄せられる、医療費や生活費など金銭面についての相談は少なくない。

一方で、がん患者の就労を支える制度も十分ではない。県社会保険労務士会の水戸伸朗専務理事（54）は、傷病手当金が受けられない自営業者への支援や、短時間勤務などが必要なリハビリ期の収入を補う仕組みが求められると指摘。「働けなくなってから社会復帰をするまでの期間をどう埋めるのか。セーフティーネットの充実が必要ではないか」と語る。

橋渡し

治療をしながら、仕事を継続したい――。患者がそう願う理由の一つに、社会とのつながりが挙げられる。「長い通院生活の中で、日々の仕事が励みになっている患者は多い」と、西新潟中央病院（新潟市西区）呼吸器科の松本尚也医長（46）は強調する。松本医長が診察している肺がん患者の約半数は就労世代。仕事の合間を縫い、通院で化学療法を受けているサラリーマンも大勢いる。

仕事を続ける患者が増えた背景には、以前に比べて吐き気をはじめ、抗がん剤の副作用が抑えられるようになった医療の発達がある。心理面での効果も大きく、「仕事に集中すると、よい意味で病気のことを忘れられる。本人が望むならば、無理のない範囲でぜひ仕事を続けてほしい」と松本医長。

県内の医療機関では、仕事をしている患者のため、診察開始の早い時間帯や週末に予約を入れるなどの配慮をし始めている。同病院医療相談室の金沢三奈子さん（43）は「日々の生活をしっかりと整えれば、病気への不安も減る。何よりも生活という土台を安定させ

ハローワークの窓口。がん患者の体調に見合った仕事を探す相談にも乗る＝新潟市中央区

ることが大事です」と指摘する。

一方、がん患者が仕事を続けたいと思っても、社会的な環境はまだまだ厳しい。国は、２０１２年に定められた2期目の「がん対策推進基本計画」で初めて「就労支援」の言葉を盛り込んだ。「がんになっても安心して働き暮らせる社会の構築」を掲げ、当面は就労についてのニーズや課題を明らかにするとしている。

患者を支える各病院の「がん相談支援センター」でも、就労のサポートには悩む面がある。例えば、就業規則など企業ごとに事情は異なる。「医療や福祉の相談には乗れるが、どのくらい仕事を休んでも大丈夫といった労働面の専門的なアドバイスは難しい。もどかしさを感じる」と、ある相談員。

さらに、いったん仕事を辞めてしまうと、再就職が厳しい現実もある。もともと中高年の求人自体、多くないからだ。

こうした中、済生会新潟第二病院（新潟市西区）は、ハローワーク新潟に今後の顔の見える関係づくりを提案した。同病院の医療ソーシャルワーカー渋川健史さん（36）は「再就職については、患者に身近な存在である病院が橋渡しの役割を担えないかと考えてのことだった」と説明する。

ハローワーク側も「これだけがん患者が増えている時代。できる限り相談に乗りたい」としている。新潟労働局職業安定課は「患者の体調によっては、求人票に掲載された勤務時間をずらせないか、企業と交渉することもできる。一人で悩まないで専門家に頼ってほしい」と話す。

生きがい

「がんになって、仕事ができることの幸せを感じた。会社や同僚には感謝している」。新発田市の機械部品工場に勤める村上市の広田雄弥さん（54）＝仮名＝は言葉をかみしめるように語った。

2011年夏、排尿困難の症状があり、前立腺がんと診断された。3カ月に1回通院し、ホルモン治療を受けた。その治療中に今度は大腸がんが見つかり、翌年6月に手術。放射線治療や再手術のため、入退院を繰り返した。欠勤が数カ月に及ぶこともあった。

会社は従業員約30人。数人のチーム単位で生産体制を組んでいる。大きな企業と違って、配置転換してもらうような部署はない。がんと分かった後、工場長には検査結果を見せ、社員全員の前で「迷惑を掛けて申し訳ない」と頭を下げたが、「まともに働けず、いつ解雇と言われてもおかしくない」と覚悟した。

しかし、上司は受け入れ、チームのメンバーは仕事を手分けしてくれた。復職後も体調は万全ではなく、休んだり早退したりの日々。倦怠感《けんたい》が強く、休憩室で横になることも。出荷や生産に遅れが出て、いたたまれない思いがした。そんな自分に体の負担の少ない作業を選んで回し、「無理するな」と声掛けしてくれる配慮が身に染みた。

工場長の男性(58)は「彼も一人の働き手として大切な存在。明日はわが身なのだから、できることは助け合いたかった」と振り返る。

広田さんは現在も定期的に通院し、ホルモン治療を続けている。一方では職場に導入された新しい機械の責任者に選ばれた。最近は体調に合わせ、休日出勤や残業もこなす。

「仕事のプレッシャーはあるが、少しでもお返ししたいという気持ちで働いている。体

会社への通勤路を歩く広田雄弥さん。がんのつらさを乗り越えた経験は、仕事にも生きているという＝新発田市内

力は落ちたが、がんの経験が自分を精神的にも強くしてくれた気がする」と穏やかな表情を見せた。

がん患者が仕事と治療を両立していくためには何が必要なのだろうか。

新潟市民病院（新潟市中央区）では13年、外来化学療法室の患者を対象に聞き取り調査をした。同病院の菅井美佐子看護師長（52）は「職場復帰をいい形でしている患者の事例をみると、病状を上司らにしっかりと伝え、体調の波に合わせて無理をせず、時間をうまく使って働くことが大切なようだ」と話す。

県立がんセンター新潟病院（新潟市中央区）では若年層の患者が多い乳腺外科を

中心に、診断時に主治医が仕事について尋ね、辞めないようアドバイスしている。同病院の佐藤信昭院長（60）は「がんはありふれた病気であり、種類によっては5年生存率が8割を超える。できるだけ以前と同じように生活し、生きがいを持つことが大切だ。がんになっても仕事を継続できることを事業主にも知ってもらいたい」と求めている。

企業の役割

がん患者が働き続けるため、重要な役割を担うのが、企業内の産業医や産業看護師ら「産業保健スタッフ」だ。ともに医療の専門家の立場から、従業員をサポートする。50人以上の企業には、産業医を選任することが労働安全衛生法で定められている。

「がんと告知された直後、インターネットの情報に振り回されてかなり参ってしまった。相談してからは気持ちに整理が付き、治療に前向きになりました」。2年前、乳がんと診断された新潟市江南区の女性（52）はこう振り返る。

治療の時間をどのようにやりくりするか、上司にはどのタイミングで切り出すか—。さまざまな悩みを、会社が契約している看護師に聞いてもらい、アドバイスを受けた。「相

打ち合わせをする県産業看護部会のメンバーたち。がん患者の就労支援は産業保健の分野でも大きな課題となっている＝新潟市中央区

談する人がいなかったら、ずっと悩み続けていたと思います」。今は治療も一段落し、経過は良好。仕事に励む毎日だ。

産業保健スタッフは人事労務担当者に、どのような勤務時間なら働き続けられるかといった助言もする。「会社側も実は、本人にどこまで病状を聞いていいのか戸惑っているケースが多い。どのくらい働いてもらってよいのか不安もある。従業員と会社の仲立ちをするのがわれわれの役割です」。日本産業衛生学会の県産業看護部会長、保苅幸さん（53）は強調する。

新潟産業保健総合支援センターの興梠建郎所長（69）は「産業医のアドバイスは、法に基づく専門家の意見として意味を持つ。患者が望めば、主治医ともやりとりする。病気と仕事の両立で悩んだときは、ぜひ産業保健スタッフを活用してほしい」と語る。

ただ県内では、産業医の選任が義務付けられていない50人未満の中小企業で働く人が6割以上を占める。産業看護師を置く企業が少ないことも課題となっている。こうした中小企業の従業員のためには、相談窓口となる「地域産業保健センター」が県内各地に設けられているが、あまり知られていないのが現状だ。

また、がんをはじめとする病気になった際、周囲に打ち明けやすいかといったことは、企業の雰囲気によるところも大きい。

県経営者協会の本間哲夫専務理事（61）は「従業員ががんになるリスクは高まっている。大事な人材を活用していくために、どんな人でも働きやすい環境を企業側が整えなくてはならない時代になっている」と捉えている。

一方では、経営努力だけに委ねるのは厳しい現実もある。新潟青陵大学の中平浩人教授（54）＝産業医学＝は「障害者雇用もそうだが、法が作られて初めて、社会の支援体制ができる。がんに関しても、就労をはじめとする生活を支える法の整備が求められている」と指摘する。

第二章　不安と迷いの中で

がんが分かった患者や家族はショックを受け、大きな不安の中にいる。治療に迷い、それがさらなる悩みにつながる人も少なくない。さまざまな情報もあふれている。医療現場の現状とともに、患者や家族が納得して治療を受けるためにはどうしたらよいのかを考える。

あふれる情報

「家でも職場でも、インターネットから離れられなかった。わらにもすがる思いだった」。新潟市中央区の会社役員清水幹雄さん（63）は、２００３年秋に肺がんを告知された当時のことを振り返る。

働き盛りで、予期せぬ発病に動揺した。募る不安をかき消すように情報を集めた。約2週間後に入院するまでの間、大半の時間をネットに費やしたという。

最新の治療法から海外の薬まで頭の中が知識でいっぱいになると、今度は医師から説明された治療法に納得できなくなり、「別の手段でよくなるのではないか」といった思いがかすめた。

入院後、抗がん剤治療と手術を受けた。ネット環境から離れ、他の患者から直接話を聞く中で、気持ちが楽になった。冷静さを取り戻し、療養に専念。その後、職場復帰も果たした。

ネットや書籍などでがんに関する情報が簡単に手に入る今、逆に翻弄《ほんろう》されてしまう患者や家族も少なくない。「○○に奇跡的な効果」「がんを間違いなく治す」…。民間療法や健康食品に関する広告なども、ちまたにあふれている。

そうした中、周囲の〝助言〟に戸惑う人もいる。10年余り前に舌がんの手術をし、リンパ節への転移もあった三条市の自営業女性(66)。友人から勧められた健康食品を約2年間、試した。購入業者から別の商品も紹介され、多い時は月10万円近く出費した。「友人は心配し、好意で教えてくれたのだけど…」。ただでさえ不安でいっぱいの上、心理的に疲れた」

国立がん研究センター中央病院(東京)が13年に実施した調査では、がんになった時の情報収集先を「インターネット」と答えた人が最も多く、「医師・看護師」を上回った。

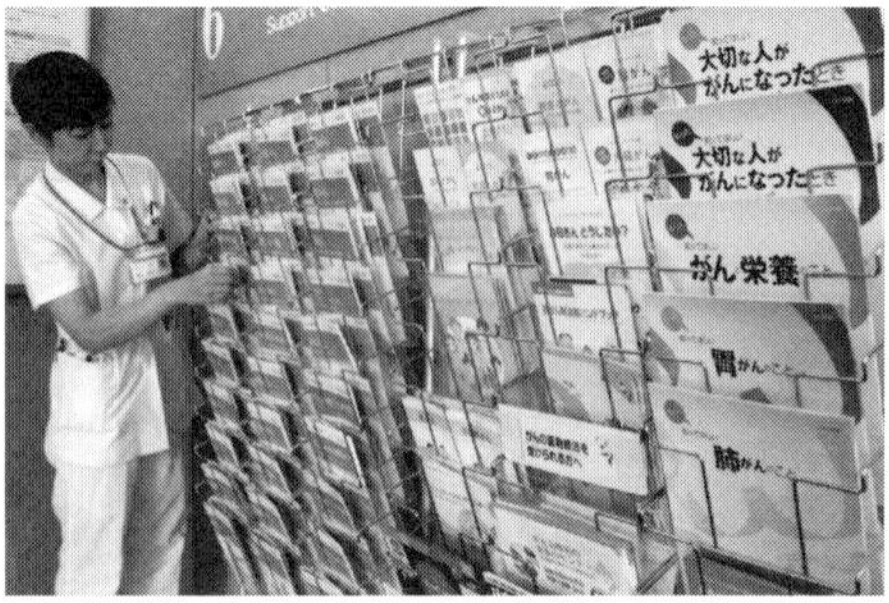

患者や家族に正しい情報を得てほしいと、冊子やパンフレットを配布している長岡赤十字病院がん相談支援センター。図書コーナーもある＝長岡市

「病名で生存率や余命を調べ、落ち込む人がいる。データが全ての事例に当てはまるとは限らないのだが」と、ある医師。ネット上に公開されているがん患者の体験談を見て、標準治療の抗がん剤や放射線治療の副作用に不安を感じる患者もいる。

科学的根拠などに裏付けされた正確な情報を患者や家族にどう伝えるか—。医療側も苦慮している。

県内の病院では、信頼性の高い情報として、国立がん研究センターが作った冊子などを配布したり、関連書を集めた図書コーナーを設けたりしているところがある。

県が指定するがん治療の準拠点病院の一つ、柏崎総合医療センター（柏崎市）は患者と家族向けのセミナーを開催した。この日のテーマは食欲がない時の食事の工夫。「レモネードや冷凍ミカンはさっぱりしてお勧めですよ」。管理栄養士が患者と家族19人に語り掛けた。

抗がん剤治療で食欲が落ちたという柏崎市の星隆子さん（77）は「専門家から直接聞けてよかった。参考になった」と話した。

また、県内のがん診療連携拠点病院には、がん患者の相談に乗る窓口があり、患者への情報提供に努めるとともに悩みを聞き、情報の整理役を担う。

県立中央病院（上越市）で、がん相談支援センターを担当する大野正文医師（61）は「日ごろからがんの正しい知識に接することで理解を深め、病名を聞いても慌てたり、不確かな情報に惑わされたりしないでほしい」と求めている。

意思疎通

がん診療の中心となっている県内各病院の外来は、どこも混雑している。高齢化を背景にがんになる人が増える一方、治療の進歩で生存率は向上。がんは長く付き合う病気となり、退院後も、抗がん剤治療などを通院で続けたり、定期的に受診したりする人が大勢いる。

患者からは「予約時間を過ぎても待たされ、それなのに診察はあっという間」「医師は忙しそうで、顔もろくに見てくれない」といった不満が漏れる。

2年前に乳がんの手術を受けた柏崎市の女性（49）は当時、「先生には数多くの患者の一人かもしれないが、あまりに機械的で落ち込んだ」と言う。がんになったことで、頭の中は「これからどうしよう」と不安でいっぱい。医師は治療方針をイラストで説明してくれたが、全く頭に入らず、聞き返す余裕もなかった。「自分の意思をうまく伝えることができず、まるで操り人形のようだった」。この女性のように、医師らとの意思疎通に悩む患者は少なくない。

病院側もジレンマを感じている。都道府県単位のがん診療連携拠点病院である県立がんセンター新潟病院（新潟市中央区）は、新規がん患者だけで年間2700人以上に上る。同病院情報調査部長の竹之内辰也医師（51）は「医師は外来患者に一人ずつ時間をかけて向き合いたいが、そうすると予約枠の他の患者を待たせる時間は長くなってしまう。別の医師がフォローするにも診療スペースは不足している。時間も場所もスタッフも限られている」と明かす。

現在、医療行為について医師から説明を受け、合意して治療を進める「インフォームドコンセント」自体は、ごく当たり前のものとなった。しかし、患者が限られた時間の中で病状を理解し、納得できる治療の選択をするのは容易なことではない。

それが不信感を生み、医療トラブルに発展してしまうこともある。県内のある弁護士は「患者が医師からきちんと説明を受け、自分で選んだ治療だと思えていれば、後で問題に至らなかっただろうというケースは目立つ」と話す。

こうした中、県内の拠点病院でも、相談窓口であるがん相談支援センターのスタッフが、患者から医師に直接聞けない疑問などを文章にしてもらい、後で回答してもらうなどの対応策を取り始めている。やりとりに時間をかけたい患者の予約を夕方に入れたりするところもある。

国立がん研究センターはがん情報サービスのホームページなどで、「聞きたいことを箇条書きにする」といった「医療者と上手に対話するコツ」を紹介している。

医療者と上手に対話するコツ

- 困ったこと、わからないことは素直に伝えましょう
- 何度か対話を重ねていくうちに、信頼関係を築いていくことができるはずです
- 診察のとき、信頼できる人に付き添ってもらい、知りたいことをしっかり聞きとる準備をしましょう
- 担当医との面談のときには、聞きたいことを箇条書きにしたメモを持参しましょう。聞き漏らすことがなく、効率的に質問できます
- 看護師やがん相談支援センターなどの協力を得ることも考えましょう

出典：国立がん研究センターがん情報サービス
「患者必携　がんになったら手にとるガイド普及新版」

今は別の病院に通う柏崎市の女性も、過去の経験を踏まえ、日ごろの気になることをノートに記し、待合室で見直して整理してから診察に臨むようにしているという。

医師と患者の橋渡し役として活動する「日本医療コーディネーター協会」（東京）の嵯峨崎泰子代表（49）は「医師は忙しくて個人的な問題にまで配慮はできず、患者も時間がない中では言い出しにくく、意思疎通がうまくいかなくなることが多い。だからこそ看護師やソーシャルワーカーらとのチーム医療が重要だ」と指摘する。

セカンドオピニオン

上越市の男性（64）は7年前、主治医から「前立腺がんのため、前立腺の全摘手術が必要」と診断された。もともと泌尿器系に持病があり、覚悟はしていたが、ショックだった。全摘となると、多くの場合、男性機能を失う。「何とか残せる方法はないのか」。手術を受ける踏ん切りがつかなかった。男性は「振り返ると、このころが最も精神的に大変だった」と明かす。

治療への迷いが拭えないことを主治医に相談し、新潟大医歯学総合病院（新潟市中央区）

に「セカンドオピニオン」を申し込んだ。対応した医師は「うちで治療を引き受けても全摘。今の病院できちんと治療を受けた方がいい」と告げた。「これで心が固まり、迷いがなくなった」。その後、主治医のもとで手術を受けた。男性は「素人があれこれ考えるより、プロに整理してもらった方がいい。迷いがある人はぜひ受けてほしい」と話す。

セカンドオピニオンとは、「お任せ医療」ではなく患者が納得して治療に臨めるよう、別の医療機関の医師に「第2の意見」を求めること。主治医からの紹介状や検査結果を基に、診断や治療法などについて本人や家族が専門医から意見を聞くのが本来の形だ。飛び込みでの受診や、転院・転医とは異なる。結果を踏まえて主治医と話し合い、今後の方針を決める。

がん患者からの相談に多く応じている新大病院腫瘍内科の西條康夫教授（56）は「疑問を主治医に聞けなかったり、病状が悪化してから受診した患者が別の治療があるのではないかと期待して受けたりするケースが多い」と説明する。症例数の多いがんは科学的根拠に基づく「標準治療」をするのが一般的で、医師により見解の相違が出ることは少ないとした上で、「治療に納得するためには有効な手段。医療機関にとっても診療内容が第三者に開示・評価される機会にもなる」と語る。

新潟大医歯学総合病院の外来玄関近くにあるセカンドオピニオン受付。別の医療機関に通院・入院する患者からの申し込みを受けている＝新潟市中央区

セカンドオピニオンの提供は、がん診療連携拠点病院の要件として、国が盛り込んでいる。このため県内の拠点病院には全て、セカンドオピニオンの窓口が設けられている。相談は30分〜1時間程度。診療行為はせず、健康保険が適用されない。県内では1万〜3万円程度の費用がかかることが一般的だ。

ただ、実際の利用はそう多くない。新大病院では、2012〜14年度のセカンドオピニオンは計109人（うち、がん患者44人）にとどまる。

患者からは、セカンドオピニオンを求めることへの迷いも聞かれる。胃がんを患った新潟市中央区のパート女性(45)は「別の治療法を探したかったが、言い出せなかった。手術が遅れ、病状が悪化することも心配だった」。主治医への気兼ねなどから、紹介状をもらわずに病院を転々とする患者も後を絶たない。

こうした状況がある中で、長岡市の拠点病院の医師は「セカンドオピニオンは主治医への裏切りではない」と強調する。「治療方針に納得してもらえれば、治療にも集中できる。

患者の様子を見て、医師側も（セカンドオピニオンを）勧めることが大切だ」

心のケア

新潟大医学部（新潟市中央区）では、2013年から「腫瘍内科学」の一環で、告知をはじめ、患者にとって良くない知らせをどう伝えるか、講義をしている。未来の医療を担う医学部生たちは、がん患者との接し方を具体的に学ぶ。臨床実習に入っている5年生の藤田由希さん（24）は「頭で理解しても、実際に患者と接すると難しいことばかり。心に寄り添うことを常に忘れずに頑張っていきたい」と話した。

昔と違って今は、本人にがんの告知をすることも、当然のこととなっている。治療について十分に説明し、同意を得て進める「インフォームドコンセント」が普及したためだ。ただ、がん診療に関わる医師の多くは、経験に基づいた〝自己流〟で行っているのが実情だ。そのため、何げない医師の言動が患者にショックを与えてしまうこともある。

「治療の見通しを尋ねても、具体的に教えてくれない。次第に医師に対する不信感が膨れ上がった」。新潟市出身の大田明裕さん（50）＝東京都＝は30代半ばで胃がんの全摘手

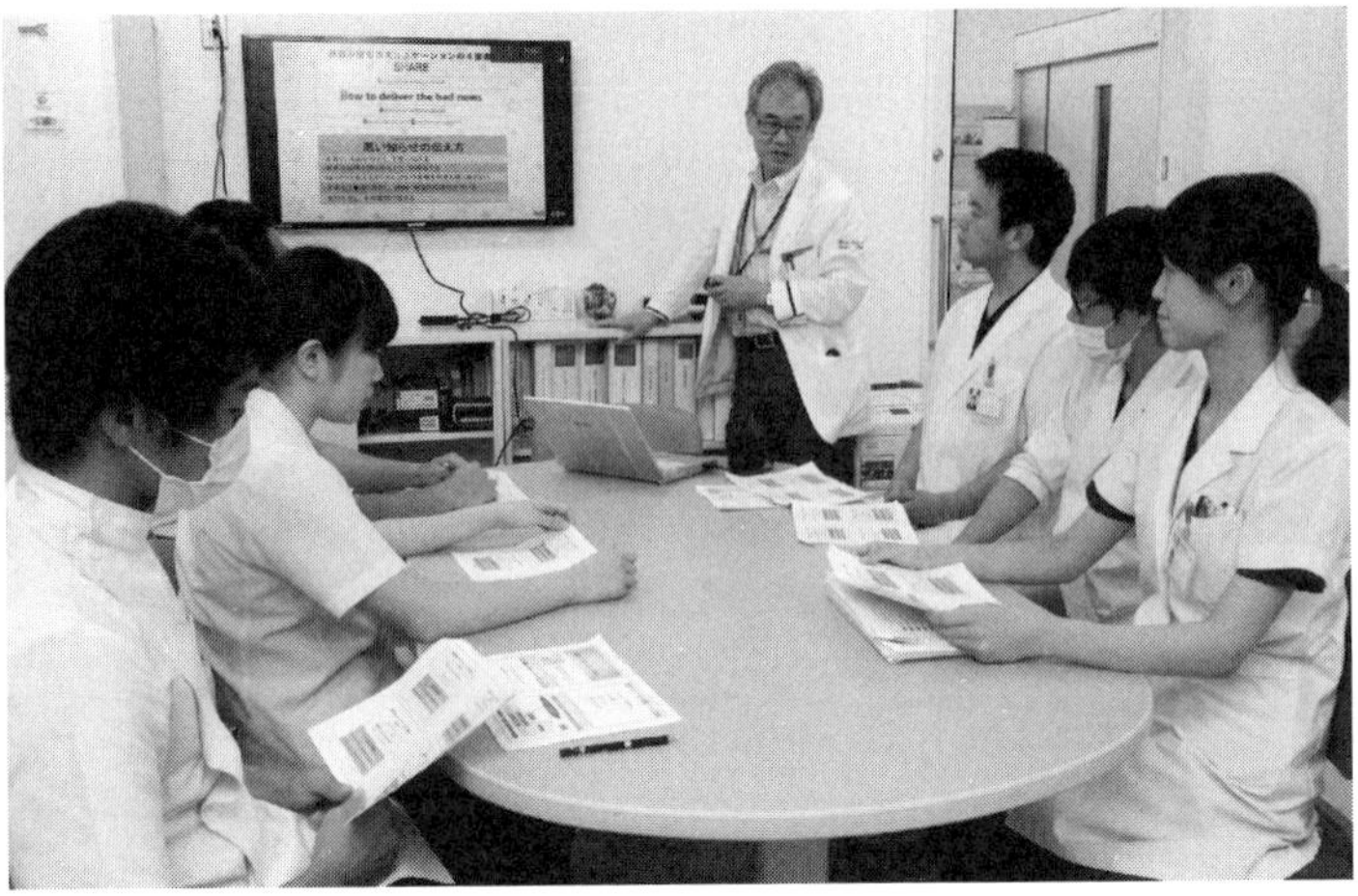

がん患者との接し方を考える新潟大医学部の５年生。実習中も間合いの取り方などについて学ぶ＝新潟市中央区

術をした当時を振り返る。入院中、やり場のない怒りから、付き添いの親に何度も当たり散らした。「医師に自分のことを受け止めてもらっている実感がなく、それが何より苦しかった」

　新潟医療福祉大（新潟市北区）の渡辺良弘准教授（49）＝精神医学＝は「医師は患者の体の痛みを取ろうと懸命になるが、それだけでは不十分。というのも、痛みは体と心の両方に大きく関わっているからです」と説明する。そんなことから、近年はがん医療における心のサポートを扱う「精神腫瘍学」が注目されている。学会では指導者を養成しており、県内でもがん診療連携拠点病院などで医師に対処法を教えている。渡辺准教授も指導者の一人だ。

医療の進展に伴い、がんと長期にわたり共存する人も増えている。渡辺准教授は「時に再発の告知をしなければならないこともあり、医師が患者を支える視点がとても大切になっています」と語る。

課題はまだある。がん拠点病院の一つ、新潟市民病院（同市中央区）の精神科、新藤雅延医師（39）は「患者の心のケアが少しずつ進んでいる一方、家族へのサポートは置き去りにされがちなことが問題となっています」と指摘する。

例えば、入院している患者に家族が付き添っている場合。患者は「つらい」「死ぬかもしれない」と、家族に不安や苦しさを繰り返し漏らす。家族は本人を支えたいと、気丈に受け答えをする。無理を重ねた結果、不眠になったり、うつ状態に陥ったりする家族が多いという。

こうしたことから、市民病院では、主治医や看護師が家族にも目を配るように努めている。ケアが必要と判断された場合は、通常は入院患者を診ている精神科の医師が診察することもある。新藤医師は「深刻な状況になる前に、気兼ねなく精神科などの専門医を頼ってほしい」とアドバイスしている。

つながり

がん患者や家族が、同じ境遇の人と悩みを分かち合ったり、情報交換したりする「がんサロン」と呼ばれる場が全国的に増えている。県内のがん診療連携拠点病院でも、サロンを設けているところが多い。

新潟労災病院（上越市）では月1回、「しののめ茶屋」と名付けたサロンが院内で開かれている（現在は活動を終了）。訪れた日は入院中の人も含め、患者5人が参加した。吐き気など治療の副作用や再発、転移への不安など、吐露されるそれぞれの思いを静かに受け止め、うなずき合った。肺がんを患う市内の女性（61）は「ここに来ると自分は一人ではないと、気持ちが楽になる」と穏やかな笑みを見せた。

しののめ茶屋は2012年に始まった。手術などの治療を終えて退院した後もがんと長く向き合う患者が増えており、入院中からの仲間づくりを支援することを目指している。

こうしたサロンのほか、さまざまな患者会も、闘病の支えとなっている。

同病院で前立腺を全摘した患者でつくる「越の絆」も活動している。会員は35人ほどで、会合は年4回開催。普段は周囲に相談しにくい男性特有の悩みなどを共有している。創設に携わった小池宏副院長（61）は「患者がより良い医療を受けられるようにすることを大切にしている」と説明する。

会合には医師も出席し、治療の選択肢や後遺症のケアなどについて、互いに理解を深めている。「越の絆」代表の森橋英幸さん（64）＝上越市＝は「医師に遠慮なく質問でき、正しい情報が定期的に入ることが大きな安心感につながる」と話す。

地域の中で、患者同士がつながって支え合っていこうという動きも出ている。十日町市には、女性のがん患者の会「エンジェルスマイル」がある。

市内に暮らす乳がん闘病中の40代女性が呼び掛けをした。女性は車で片道1時間をかけて、長岡市の拠点病院に通院している。例えば抗がん剤治療の副作用である脱毛や、現在受けている治療についてなど、同性同士で気兼ねなく話せる身近な場が欲しいと思ったのがきっかけだ。13年の秋から、活動を続けている。「暗い顔だった人が思いを吐き出し、すっきりした笑顔を見せてくれるとうれしい」。会の運営は自身が病と闘う力にもなっているという。

近年は、がんを経験した人が「ピアサポーター」としてサロンや患者会などに関わり、患者らを支える取り組みも注目されている。

新潟市民病院（新潟市中央区）の「患者サロン」では、がん経験者がボランティアで相談に乗ったり、アドバイスをしたりしている。

その一人、高橋房子さん（74）＝同市秋葉区＝は10年前、大腸がんの手術を受けた。医師には余命2年と言われたが、希望を捨てずに運動や食生活の改善に励み、今も元気に日々を送っている。「何より大事なのは、病気に向かい合って努力すること。そのためには気力がいる。私はサロンで患者の話を聞くことで、そのお手伝いをしている。患者だった私が人の役に立てるのはうれしい」と語った。

第三章　住み慣れた地で

がんの治療は、長期間にわたることが多い。退院後、通院して治療を続けたり、自宅を訪問してくれる医療・福祉サービスを活用しながら療養したりする患者の姿は珍しくない。だが、県域が広く中山間地を抱える新潟県では、医師不足や病院の都市部への偏在などの課題があり、そのような生活を願ってもかなわない人たちがいる。がんになっても住み慣れた地で暮らし続けるための方策について考える。

訪問診療

新潟市内の静かな住宅街にある一軒家。介護用ベッドが置かれた和室で、在宅診療医の塚田裕子医師（52）がかばんから聴診器を取り出した。ベッドから体を起こした肺がんの男性（70）の胸に当てる。「雑音がなく、いい音ですよ」。首元のリンパ節や腹部にも手を触れ、特に異常がないことを確かめた。

男性は妻と母親との3人暮らし。入院して抗がん剤治療などを受けてきたが、副作用が強いために中断し、住み慣れた自宅での在宅医療に切り替えた。診察後、男性は窓の外を見て、「きょうは天気が良いから、（電動車椅子で）散歩に出掛けよう」と笑みを見せた。

自宅で治療やケアを受けられる在宅医療の重要性は、がん患者にとっても増している。高齢化が進む中、足腰が弱るなどして、通院や入院が負担になる患者や家族も多い。そうした人たちを支えるのが、定期的な訪問診療を行う在宅診療医だ。

塚田医師は2009年に新潟市中央区川岸町2に在宅療養支援診療所「在宅ケアクリニック川岸町」を開院した。診療エリアは原則、車で片道20分以内で、約30人を診ている。自宅で暮らすことを望み、治療していた医療機関から紹介された患者が大半だ。

「本人や家族の思いを受け止めたい」と塚田医師は話す。

ただ、医師側の負担が大きく、訪問診療に対応できる医師はまだ十分ではない。厚生労働省の統計（11年7月時点）によると、本県では、24時間体制で訪問診療を行う在宅療養支援診療所が人口10万人当たり4・7カ所と、全国で3番目に少ない。

突発的な症状が出た患者の家に向かう「往診」とは違い、訪問診療は患者の症状に合わせ、定期的に赴く。塚田医師の場合も、2週間に1度から毎日まで診療は患者それぞれ。鎮痛剤を使った痛みの緩和、腹水・胸水の排液処置にも対応する。

「おなかが張る」「眠れない」──。不調を訴える患者や家族の声に耳を傾け、薬が必要ならその場で処方箋を書き、薬剤師に在宅訪問を依頼することもある。

患者宅を後にする際は必ず、「何かあればいつでも連絡ください」と声を掛ける。

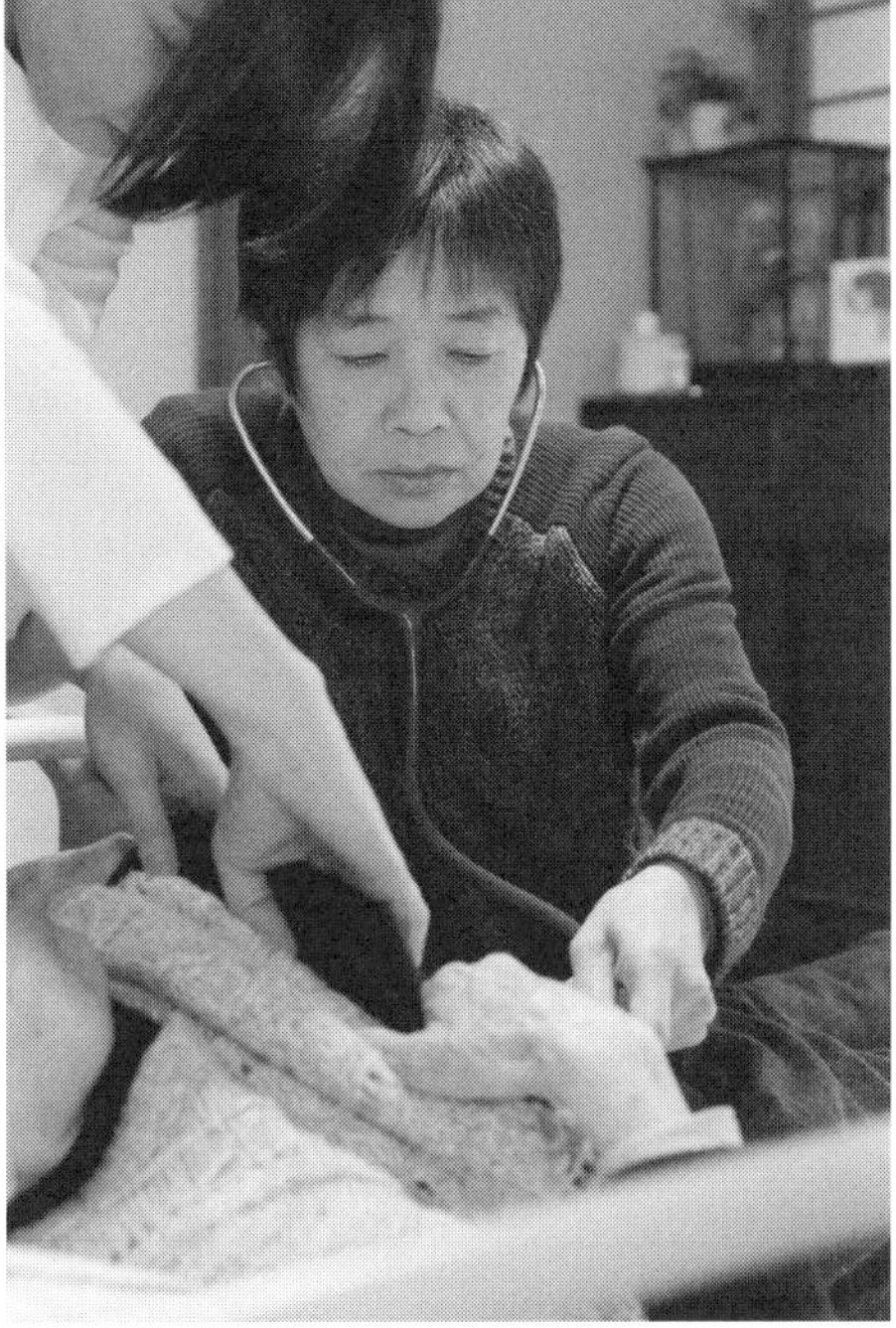

がん患者の女性宅で、診察する塚田裕子医師。女性は「先生が来てくれるとほっとする」とほほ笑んだ＝新潟市内

病院の勤務医だった塚田医師が在宅診療医に転向したのは、「自宅で患者一人一人が伸び伸びと過ごせる環境を整えたい」という思いからだ。患者の中には、晩酌やたばこをたしなみ、ペットと触れ合う人もいる。小さな子どものお

見舞いも、周囲に気兼ねなく歓迎できる。

血液がんと認知症を患う男性（81）宅では、妻（74）が「病院の嚥下《えんげ》食は受け付けなかったのに、好物の大福を平らげた」とうれしそうに報告した。

「条件が整えば、検査や治療も自宅でできる。在宅という選択肢もあることを知ってほしい」。塚田医師はこう力を込める。

遠い病院

暖冬とはいえ、師走の風は冷たい。県立がんセンター新潟病院（新潟市中央区）の前にあるバス停留所では、帰宅のため高速バスを待つ人たちの姿があった。上越市から月1回のペースで通院している女性（68）は「片道2時間は長いが、こちらの病院に通いたい。仕方ありません」と言葉少なに語った。

県立がんセンターは、がん治療の中心的役割を担うため、都道府県単位で指定された拠点病院だ。専門的な治療を求めて多くの患者が訪れる。「佐渡や魚沼から通う患者もいる。冬期間は病院に近い親戚の元に身を寄せて通院する人もいます」。同病院の地域連携・相談支援センターはこう説明する。

国はどこに暮らしていても一定水準のがん治療を受けられるよう、一般的な入院医療に対応できる2次医療圏（本県は7区分）に1カ所を目安に、がん診療連携拠点病院を指定している。

大きな病院にかかりたいという患者の意識は否定できるものではないが、ある総合病院の医師は「遠くの拠点病院でなくても、近くの病院や診療所で対応できるケースも多い。患者の負担も少ないはずだ」と言う。また、そもそも拠点病院は都市部に集中している。車の運転ができない高齢者をはじめ、通院が難しい患者が少なくない。

一方、国は病院の役割分担を進めている。急性期の患者を扱う拠点病院では、専門的な治療後は地域の医療機関に「逆紹介」するなど、地域の病院や診療所との連携体制をつくろうとしている。

しかし、拠点病院と、患者が生活する場所が離れている場合、「退院した後の患者の状況が分からない面がある」と、拠点病院のスタッフ。患者を日常的に診てくれる地域の医療機関を見つけるのに苦労することもある。

さらに、複数の持病を抱えがちな高齢の患者だと、地域の医療機関や福祉関係者との連

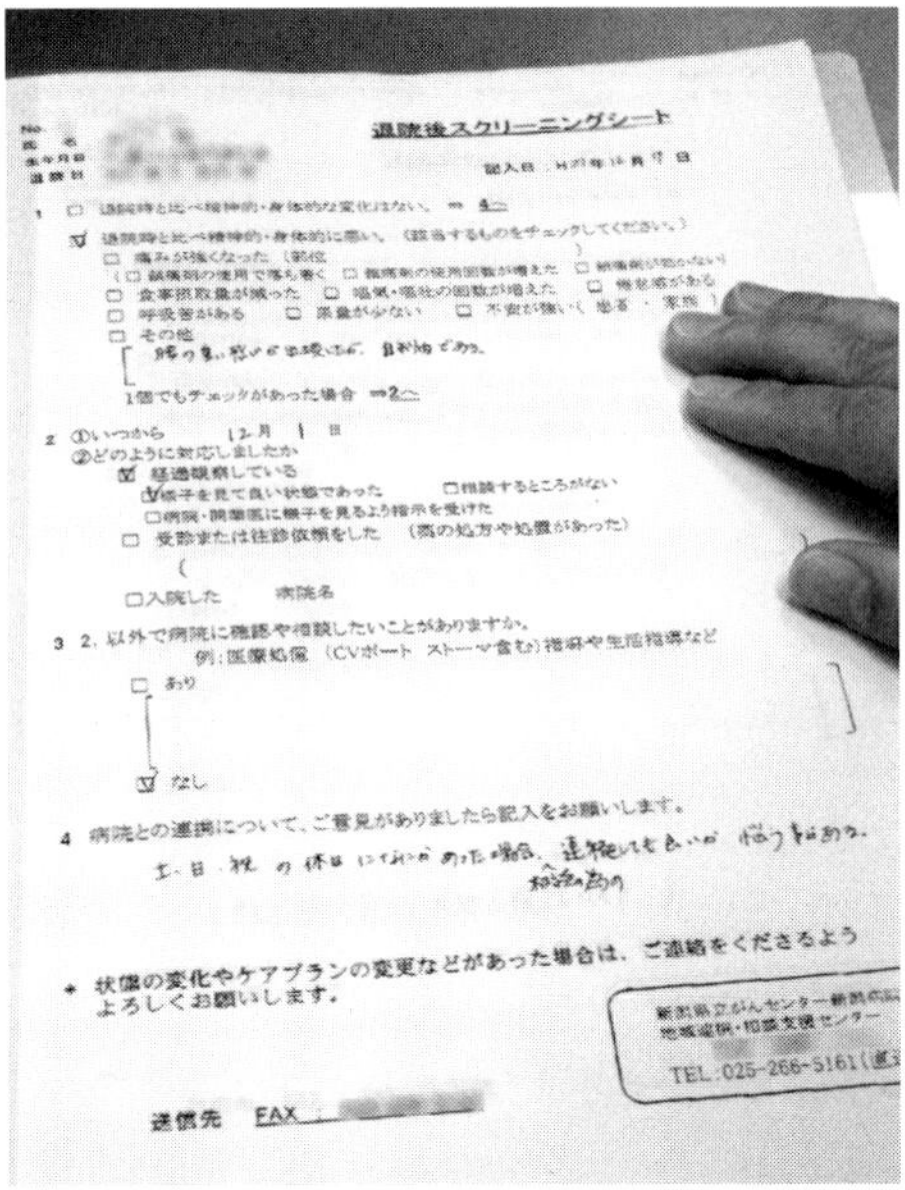

県立がんセンター新潟病院が導入した「退院後スクリーニングシート」。訪問看護師らが、在宅療養開始直後の患者の様子を記入する

携がより重要となる。介護サービスを利用したり、自宅や施設で暮らすうち、症状が悪化して再び入院したりすることも多いためだ。

こうした中、県立がんセンターは2015年から、退院後に訪問看護を利用する患者について、「退院後スクリーニングシート」を用いている。環境が変わり、体調などが最も変化しやすい退院1週間後の様子を家族や看護師らから記入してもらい、返送してもらう仕組みだ。在宅療養にスムーズに移行できるよう、患者や家族の不安を把握し、必要に応じて訪問看護師らにアドバイスもする。

そのつなぎ役となる同病院の退院調整看護師、松沢千恵子さん（48）は「地域のケアマネジャーや訪問看護師と連絡を密にすることで、具合が悪化した時の入院の準備も整えられる。患者や家族が望む療養生活のためには、病院と地域との連携を強くしていくことが重要」と話す。

訪問看護師

自宅で療養生活を送るがん患者にとって、訪問看護師は欠くことのできない存在だ。医師の指示に基づいて痛みを減らす点滴を打ったり、血圧や体温を測って病状に変化がないか容体を確かめたり…。家族から「急に様子がおかしくなった」といった連絡があれば夜間でも駆け付ける。「患者や家族とともに『生』ということにじっくり向き合い、支えていく。とてもやりがいのある仕事です」。新潟市西蒲区にある訪問看護ステーション「たんぽぽ」の佐藤文江ステーション長（66）は強調する。

在宅医療の決め手は訪問看護師だと言われ続けているが、取り巻く環境は厳しい。2015年12月現在、県内には130カ所の訪問看護ステーションがあるものの、常勤の看護師は数人という所が少なくない。県ナースセンターによる調査では「訪問看護を行う上での問題点」（複数回答）として、49・2％が「人材不足」を挙げている。

深刻な看護師不足の背景には、新卒時や出産、育児後などに復帰する看護師の多くが、総合病院で働くことを選ぶためだ。本県の場合、患者宅までの移動距離や雪道の運転といった看護以外の負担が大きいイメージが持たれていることも理由となっている。

県看護協会が見附市で運営する「訪問看護ステーションみつけ」も常勤は５人。フル回転で仕事を回している状態だ。「今後の高齢社会では確実に訪問看護の需要が増す。一度仕事をしてみれば、地域住民を支えるという仕事の魅力を実感できるのですが…」とステーションの看護師たちは残念がる。

訪問看護は、介護と医療の両方の保険を使うことができる。介護保険では利用に上限が設けられているが、利用頻度が増えるがんの末期では医療保険に移行することが認められている。患者にとって本来、利用しやすいサービスの一つだ。

とはいえ、地元で暮らすことがかなわず、子どもが暮らす都市部などに移り住むといった選択をする患者もいる。ある在宅診療医は「訪問看護ステーションがあっても連携してくれる医師がいなかったり、山あいでは使える福祉サービスが少ないために自宅に戻るのは無理と、入院治療をしていた病院側が判断することもあるのではないか」と言う。

看護師というマンパワーが圧倒的に不足している中で、「在宅か入院かといった二者択一を必ずしも迫らない方がいい」と指摘するのは、豪雪地の訪問診療に詳しい県立看護大（上越市）の酒井禎子《よしこ》准教授（47）＝がん看護学＝だ。「長年地元で暮らしてきた人にとっては、雪深くても交通の便が悪くてもそれを含めて慣れ親しんでいる。だからこそ、場合によってはサービスの整った地元のグループホームを選んでもいい。患者にはできるだけ多くの選択肢を提示することが大事になる」と語る。

一人暮らし

在宅医療や介護のサポートを受けながら、一人暮らしを続ける患者もいる。新潟市中央区の女性（78）もその一人だ。

2014年春、背中の痛みで病院を受診し、肺がんだと分かった。がんは背骨に転移しており、すぐに入院が決まった。一通りの治療を終えて3カ月後に退院。その後は、以前と変わらず慣れ親しんだ自宅で過ごしている。

抗がん剤を1日置きに飲み、在宅診療医の訪問診療は週1回。2週間置きに骨転移の症状を抑える点滴を受けている。痛みなど気になることはメモに記録しておき、心配事があれば医師に連絡する。脱水を防ぐため小まめに水分補給するなど、日頃から健康管理に気を配っている。

「今があるのは支えてくれた人のおかげ」。当初は副作用による吐き気がひどく、体の自由も利かなかった。退院直後は訪問診療と訪問看護のほか、ホームヘルパーによる生活介助を受け、訪問リハビリといった多職種のサービスを利用した。すぐ近くに住む次男(45)夫婦も見守ってくれている。

普段は読書をしたり、テレビを見たり。元幼稚園教諭で、発病前は子育て教室の運営や自治会役員を務めるなど地域活動に取り組んでいたため、近所付き合いもある。「がんを抱えても一人で暮らすことに不安はありません。居心地の良い、この場所で暮らし続けたい」と言葉をかみしめる。

がんになったら、特に年配者は一人暮らしが難しい――。そう思われがちだが、県内のあるケアマネジャー(ケアマネ)は「地域の見守りがあり、そこに患者それぞれの暮らしに合わせたサービスを合わせれば、自宅でも一人で暮らすことができる」と強調する。

がんが進行したり、高齢だったりして自宅で療養する患者は訪問診療のほか、入浴介助や家事援助などの介護保険サービスを活用するのが一般的だ。

ただ、がん患者の場合、こうしたサービスをコーディネートするケアマネの力量も問われる。訪問看護師らから病態を聞いて、サービス提供に反映させることも必要だ。情報共有などがうまくいかないと、支援が遅れることにもなる。

関係者の一人は「2000年の介護保険制度の開始時は看護師出身のケアマネが多かったが、近年は介護福祉系職種の経験者が増えた。医療知識や経験がない場合、患者に必要なサービスの提供が後手後手に回ることもある」と指摘する。

また、一人暮らしを支えるのは既存の医療・福祉サービスだけではない。買い物支援など地域内のサービスの存在も大切だ。

一方、地域包括支援センターふなえ（新潟市中央区）の須貝秀昭さん（44）は「介護保険制度が複雑化し、ケアマネの仕事は増加の一途をたどっている。地域内のサービスを全て把握するには限界がある。一人暮らしを支えるための情報を生活圏ごとに一元化して、関係者が活用できるような仕組みづくりも必要だ」と訴える。

自宅での最期

２０１３年の12月26日。引きこもりの若者や東日本大震災の被災地支援など、市民活動の現場では知られた存在だった新潟市西区の市嶋彰さんが、自宅で静かに息を引き取った。享年65歳だった。前年の2月、ステージ４の大腸がんが発覚。13年春から、生活の質を大切にしたいと、積極的治療をやめていた。亡くなる1カ月ほど前まで平日は生活困窮者らの相談支援員として働き、休日は釣りなど趣味を楽しむ生活を送った。

「動ける限りは何でも自分でしたいという彼にとって、ずっと病院にいるのは苦痛だったはず。最期まで一緒に暮らせたので後悔はありません」。市嶋さんのパートナーで講師の伊藤希代子さん（41）＝同市中央区＝は振り返る。

最期は希代子さんや、2人の息子ら家族でみとった。深呼吸と同時に、息子たちが握る両手に2回ぎゅっと力を入れた後、旅立った。「最期の瞬間まで意識はあったと思う。穏やかな顔でした」

ステージ４のがんだと分かった時、医師は「何も治療しなければ余命6カ月」と告げた。

市嶋さんはすぐに「最期は自宅で自分らしく迎えたい。つらい時は緩和ケアも受けたい」と言った。

副作用を理由に抗がん剤治療をやめてからは、在宅診療医に湿布や飲み薬で体の痛みを緩和してもらい、仕事などの日常生活を続けた。固形物が喉を通らなくなるなど、体調が悪化したのは11月下旬。それでも、好きな洋楽を聞き、体調がいい時には「うんめー」とお酒を口にした。

希代子さんは薬の管理や食事、排せつの世話などを一手に引き受けた。「ささいなことにも喜びを感じた濃密な時間だった」。ただ、夜は眠ることもままならず、仕事中は自宅に1人で置いてきたことが気掛かりで、心身両面で限界を感じることがあったという。

在宅療養を支える家族が頑張りすぎて倒れてしまうことがある。こうした中、新潟市西区の新潟医療センター緩和ケア病棟の桜井金三医師（66）は「緩和ケア病棟というと『ついのすみか』のイメージが強いが、在宅患者で症状が強く出た時や家族のレスパイト（休息）が必要な時などに、一時入院を受け入れている」と説明する。

希代子さんにとっても助けとなったのは、在宅診療医に相談して踏み切った約10日間の一時入院だった。その間に、介護ベッドなど自宅で最期を迎える準備も整えた。希代子さんは「在宅は看護者がいろいろなものを抱え込んでしまう。短期間でも休める場がないとつぶれてしまう」と語る。

がん診療連携拠点病院の新潟市民病院（同市中央区）も14年4月、在宅の患者らを緊急的に受け入れるため、緩和ケア病床（2ベッド）を設けた。同病院緩和ケア内科の野本優二医師（56）は「レスパイトにも対応していきたい。在宅療養をする患者や家族を支えたい」と話す。

連携

年末年始をはじめとする休日や夜間に容体が急変しても、すぐに医師が駆け付けてくれるかどうか—。自宅で療養するがん患者を支えるためには、とても重要なことだ。しかし、それがかなわず、「本人の希望で在宅を選んだのに、結局は救急搬送された病院で最期を迎えた」と嘆く家族は少なくない。

そうした問題を解決しようと、魚沼市では訪問診療に携わる医師6人がチームとなり、「看取《み》り隊」をつくっている。学会などで主治医が不在の場合、別の医師が対応する仕組みで、２０１３年春にスタートした。毎月、およそ１人の患者を別の医師がみとっているという。

県内の共通課題だが、魚沼市も在宅診療をする医師が少なく、しかも山あいを含めた東京23区よりも広い面積をカバーしなければならない。「医師の負担を減らしながらも、患者を支える仕組みづくりが必要だった」。看取り隊の中心を担う上村医院の上村伯人院長(62)は力説する。

主治医の不在時に代わりを務める「看取り隊」の医師たち。日ごろから情報交換をし、在宅のがん患者らを支えている＝魚沼市諏訪町１の上村医院

この形を築く上で、自治体から協力を得られたことも大きかった。医師が不在だった場合、市立小出病院がコールセンターとなり、代わりの医師を探す。「県在宅ケアを考える会」の会長でもある上村院長は「結果的に家族だけではなく、患者に関わる訪問看護師らケアスタッフの安心にもつながっている」と語る。

厚生労働省でも現在、がんをはじめとする患者がどこに住んでいても、在宅で療養できるような体制づくりを進めている。その一つが「在宅医療・介護連携支援センター」の整備だ。

これは、介護保険における住民の相談窓口となる「地域包括支援センター」の〝医療版〟。住民が直接訪れる施設ではなく、ケアマネジャーなどの福祉専門職が医療的な困り事に直面した際、相談を受けて解決を目指す機関になる。

18年春までに全国の各市町村に設置することが決まっており、運営方法は地域事情に任せられている。県内で準備が先行しているのが新潟市だ。

同市では市医師会と連携。各区にサテライトの事業所をつくり、医師会内にそれらを取りまとめる連携支援センターを設けている。モデル事業を経て、勉強会などを通じて関係者による「顔の見える関係」づくりを進めている。市地域医療推進課は「連携支援センターがバックアップすることで、患者が自分の望む形の暮らしを送れるよう選択肢を増やしていきたい」と話す。

一方、がん患者の在宅医療は、これまで医師の熱意が支える面があった。在宅診療に長年取り組む「斎藤内科クリニック」（同市中央区）の斎藤忠雄院長（61）は「医師はプロであるべきだが、全てを抱え込むことはできない。医療・福祉の専門家が手を取り合い、地域全体で患者を支えていく時代になっている」と指摘する。

第四章　あすを信じて　小児・若年患者の現状

小児がんは、医療の進歩とともに、患者全体の7～8割で長期生存が望める時代となっている。とはいえ、治療には長期入院が必要となり、成長してから後遺症に悩む患者もいる。小児・若年層のがんを取り上げ、医療や支援の状況について患者、家族の思いとともに紹介する。

きんにく注しゃ　がんばってね

点滴をする弟の絵と、「きんにく注しゃ　がんばってね」の幼い文字。長岡市の保育士大滝恭子さん（37）は手作りのカレンダーを手に取り、「これは息子の治療の記録。大切に取っておこうと思っているんです」と話す。

カレンダーは2008年秋、急性リンパ性白血病と診断され、新潟市中央区の病院で治療を受けていた当時3歳の次男、晴君《はる》（10）のため、年子の兄が作ってくれたものだ。

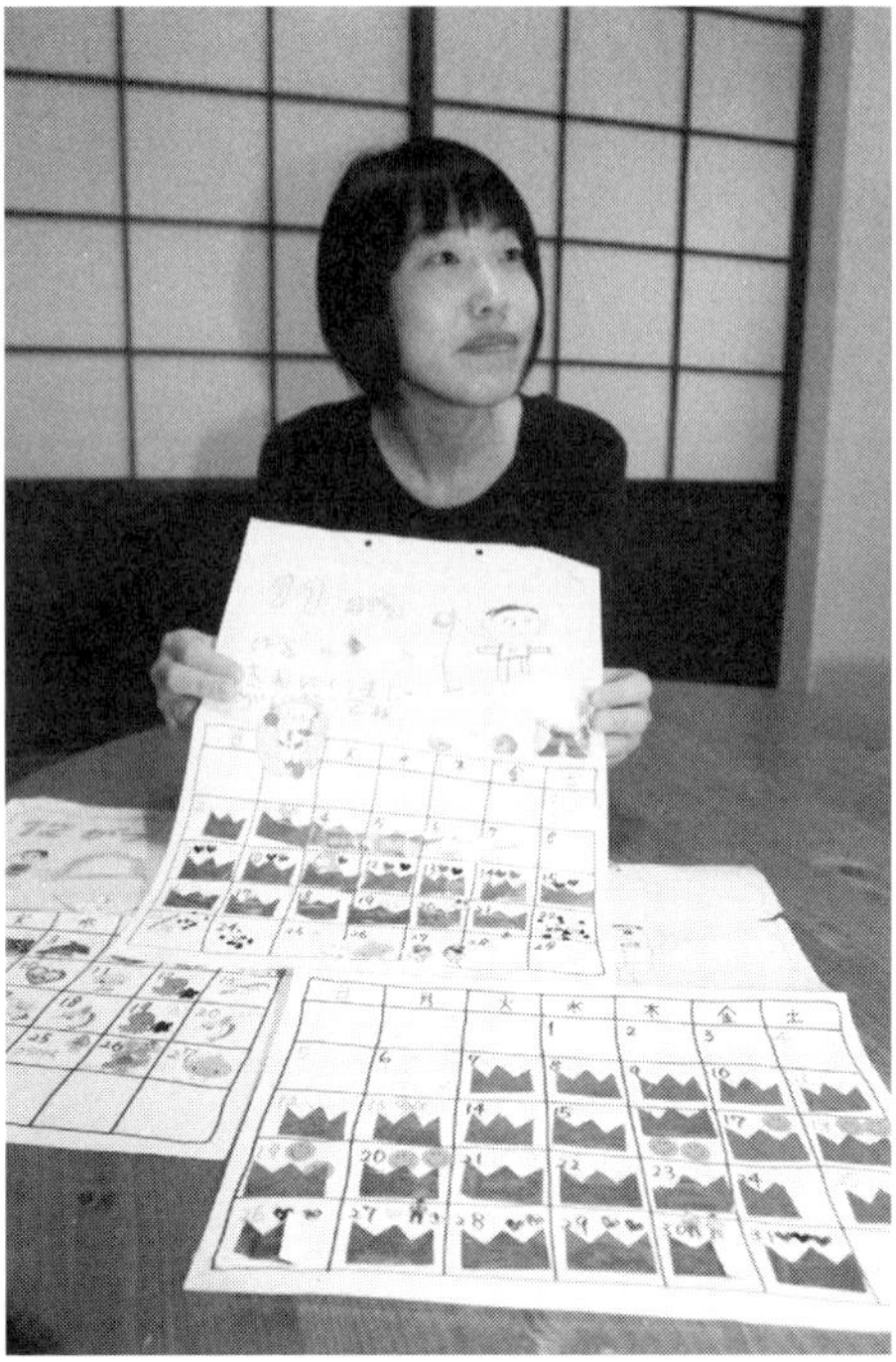

白血病で闘病中の次男のため、長男が作ってくれたカレンダーを大切に保存する大滝恭子さん＝長岡市内の自宅

抗がん剤の点滴や筋肉注射、麻酔をして腰に太い針を刺す検査…。まだ幼い晴君は「痛い」「嫌だ」と泣いて訴えた。「何度、代わってあげたいと思ったことか」と恭子さん。約5カ月の入院中、カレンダーは病室の壁に掛け、1日が終わると、晴君と一緒に「きょうも頑張ったね」と王冠のシールを貼っていったという。

2年余りの治療を経て、晴君は回復。今は小学5年生で、スノーボード好きの活発な少年に成長した。16年1月は治療を終えて、丸5年の節目。これからは定期検査も年1回となる予定だ。

晴君は闘病中のことを少ししか覚えていない。でも、「お兄ちゃんに会えなくてさみしかった。治療が終われば元気になれると思って頑張った」と言う。恭子さんは事あるごとに、「晴の今があるのは、たくさんの人が助けてくれたからなんだよ」と伝えている。

家族の苦悩

保育園に通っていつも元気いっぱいだったのに、「疲れた」と頻繁に口にする。2008年秋、大滝さんは晴君の異変に気付いた。おなかや太ももに内出血のようなあざも現れた。インターネットで調べてみると、白血病の症状に似ている。「まさか…」と不安を打ち消そうとした。

しかし、じんましんが出て、かかりつけ医を受診すると、医師は顔色を変えた。「白血病が疑われる。すぐに治療しないと命に関わる恐れがある」。小児がんは進行が早く、早急な治療が必要となる。晴君は紹介された市内の長岡赤十字病院から、県立がんセンター新潟病院（新潟市中央区）に救急車で搬送され、直ちに入院となった。

「生きた心地がしなかった」と恭子さんは振り返る。詳しい検査で分かった病名は「急性リンパ性白血病」。子どもに最も多い血液のがんだ。

入院中は小さな子どものため、24時間そばを離れられない。恭子さんは当時の職場を辞め、付き添った。カーテンで仕切られた2人部屋の冷たい床にアルミのマットを敷き、長座布団を置いて体を休めた。

つらい治療に、病室から出られないストレスが重なり、晴君は情緒面でも不安定になった。泣いたり、暴れたりする時は抱っこして狭い病室内を歩き、なだめ続けた。

もう一つ、恭子さんにとって気掛かりは、夫と義父母に託した1歳上の長男のことだった。感染防止のため、家族でも面会は制限される。約5カ月の入院中、長男に会えるのは、長岡に戻る月1回の数時間だけ。せっかく会えたのに、長男は目を合わせず、手をつなごうとしなくなった。

「たくさん我慢させてしまった。弟のため、大人になろうとしたのかもしれない」。恭子さんは「いつもありがとう。お母さんはお兄ちゃんのことが大好きだよ」と手紙で思いを伝えた。すると、長男の態度も次第に変わった。

小児がんの治療は長期になり、多くの家族の生活は一変する。家族がばらばらになったり、特に母親が仕事を辞めざるを得なくなったりすることも少なくない。また、小児科医らは「病気の子どもに集中するのは当然だが、きょうだいが疎外感を感じてしまうことがある」と指摘する。

村上市の小坂祐子さん（44）も11年春、当時3歳だった次男の恭平君（8）が白血病と診断された。入院は1年3カ月に及んだ。付き添いは夫と交代制。自宅と新潟市中央区の病院を、高速道路を使って往復した。「きょうだいを含め、家族そろって顔を合わせることができないのもつらかった。難しいのは分かっているが、病棟に家族みんなと会えるスペースがあったらいいのに…」

家族の相談に乗る医療ソーシャルワーカーは「家庭と病院の二重生活は経済的にも精神的にも負担が大きい。核家族化が進む中、周りの手助けを得られない家庭も増えている」と語る。

小児がん》　15歳までの子どもに発症する悪性腫瘍の総称。病気で亡くなる子どもの原因疾患ではトップで、発症者は全国で年間約2000～2500人とみられている。血液がんである白血病と悪性リンパ腫で合わせて5割を占めるほか、神経芽腫など子ども特有の固形がん、脳腫瘍、骨や筋肉の肉腫が多い。県のがん登録集計によると、県内で2011年にがんと診断された0～14歳は20人。同年代で亡くなったのは3人。本県でがん登録事業が始まった1991年からの20年間では、罹患（りかん）数は836人。

治療の拠点

小児がんは、患者数の少ない「希少がん」に数えられる。一方では白血病、悪性リンパ腫の血液がん、筋肉・骨の肉腫、脳腫瘍など種類が多く、発症年齢のピークもそれぞれ異なる。こうした状況の中、本県での小児がんの治療は現在、専門医や設備が充実する新潟大医歯学総合病院（新潟市中央区）と、県立がんセンター新潟病院（同）に、ほぼ集約されている。

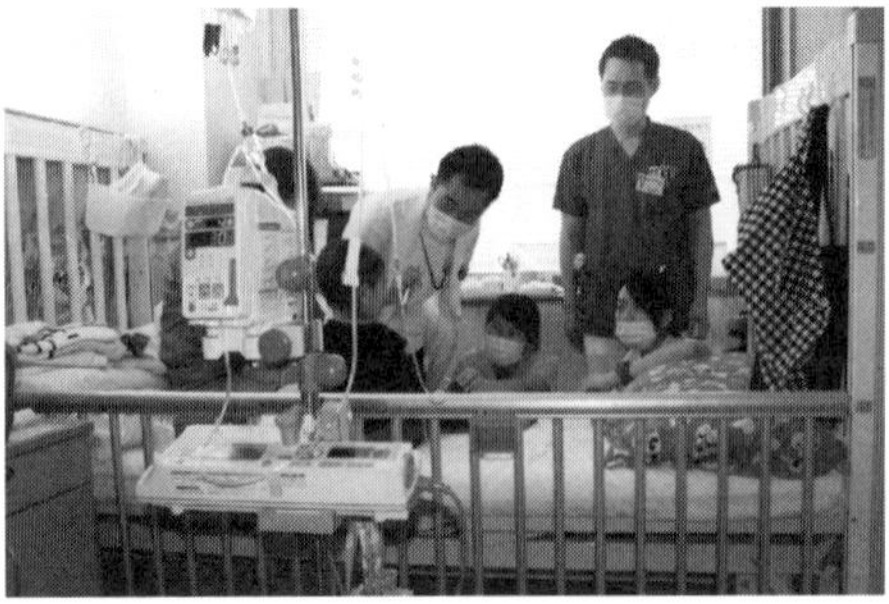

病室で治療中の子どもと接する看護師や保育士ら。多職種の専門職が「トータルケア」に当たる＝新潟市中央区の新潟大医歯学総合病院

「小児がんは特異な症状が少なく、見つかりにくい。新しい治療法の研究も進んでおり、専門知識や経験が求められる」。新大病院小児科の今井千速准教授（47）はこう説明する。

小児がんは発見時に病状が進行していることが多いが、抗がん剤や放射線が有効な症例が多い。固形がんでは、手術や化学療法など複数の治療を組み合わせる「集学的治療」が一般的となっている。化学療法などを担う小児科医を「調整役」に、外科や放射線など多くの専門医が携わる。「手術でも胸・腹部は小児外科だが、例えば脳腫瘍なら脳神経外科、四肢の肉腫は整形外科が対応する。合併症を考慮しながら治療を進めている」と今井准教授。

病院内の医師による連携だけでなく、小児外科がある新大病院と、専門病院としての実績があるがんセンターも密接に連携。互いの長所を生かしながら治療に当たっている。手術を新大の小児外科が行い、化学療法をがんセンターが担うといったケースもあるという。

両病院は毎月1回、血液がんと小児外科分野の固形がんについてそれぞれ、合同検討会を開催している。症例を持ち寄り、診断や治療法などを助言し合う。固形がんの検討会は「新潟小児悪性腫瘍研究会」として1973年から続くものだ。新大小児外科の窪田正幸教授(62)は「症例を集めて長年、統一的な治療に取り組んできた歴史がある」と胸を張る。

小児がんの治療では、成長期にある子どもが長期の入院生活を送る。このため、病気を治すだけでなく、心身の発達や家族への支援を含めた「トータルケア」が重要となってくる。医師や看護師ら医療チームのほか、保育士などの専門職も関わり、情報交換を重ねている。

がんセンターでは入院後間もなく、臨床心理士が保護者と面談。子どもの性格や普段の様子を聞き取り、病気をどのように子どもに伝えたらよいかなどを助言している。がんセンターで娘が白血病の治療を受けている母親（37）は「遊びやイベントを提供し、子どものストレス解消に努めてくれる保育士やボランティアにも救われている」と話す。川崎市に住んでいたが、２０１４年の暮れ、新潟市の実家で過ごしていた当時４歳の三女が熱を出し、白血病と診断された。その後の治療を考え、家族５人で新潟に転居した。「大きな環境の変化は不安だったが、病院スタッフの『全力でサポートするから』という言葉に助けられました」

小児がん拠点病院

国が2012年に策定した第2期の「がん対策推進基本計画」では小児がん対策の充実が初めて掲げられ、拠点病院の整備が盛り込まれた。国は翌年、全国7ブロックから計15施設を拠点病院に指定。本県が当時含まれた「東海・北陸・信越ブロック」は新潟大医歯学総合病院も、県立がんセンターとの連携を前提に名乗りを上げたが、名古屋大医学部付属病院と三重大医学部付属病院が指定された。

はざまの世代

小児と成人がんの境界、15歳から20代の患者は「AYA《あや》世代」とも呼ばれる。思春期にさしかかる中での心理的ケアや、医療面での取り組みの必要性が指摘されている。

1年遅れで高校生活を始める新発田市の田中唯斗《ゆいと》さん（16）。中学3年の秋に白血病を発症、県立がんセンター新潟病院（新潟市中央区）の小児病棟に約1年間入院した。「治療の苦しさより、友達に会えないのが一番つらかった」。周囲は小さな子ばかり。仲間とゲームやカラオケを楽しんだ時間が恋しかった。入院中も勉強を続け、希望校に合格したが、その年の入学はかなわなかった。高校生活を満喫している友人たちを思うと孤独だった。

がんセンターの臨床心理士、猪股明美さん（43）はAYA世代の患者と接する中で、「大人と子どものはざまにあり、悩みを明かしてくれにくい」と語る。同じ世代で思いを共有する場が必要といわれるが、患者は少なく機会をつくることが難しい。

さらに、AYA世代については医療面でも課題が上げられている。小児科と、成人の診療科に治療が分かれ、抗がん剤治療の際などにも症例に応じた判断が必要になる。この世代の治療を専門的に担う医療体制は整っておらず、実態把握や治療研究も遅れている。

結婚や出産を意識する世代でもあるが、治療が成長後の不妊などにつながることもある。高校時代に横紋筋肉腫の治療を受けた新潟市中央区の女性（24）は当時、主治医から「治療の影響で子どもはできにくい」と告げられた。「子どもはいずれ欲しいと思っていたので落ち込んだ」と明かす。

こうした現実と直面しながら、闘病体験をインターネット上のブログ（日記風サイト）で発信しているAYA世代の若者がいる。東京都内で1人暮らしをする専門学校生、金子将《まさ》之《ゆき》さん（23）＝三条市出身＝だ。19歳で白血病と診断された。

テレビ番組の制作に携わりたいと2011年春に上京、専門学校に入学した。その年の秋に発病。休学して帰郷、治療を受けた。入院中、同世代の患者の思いや治療について知りたくて、ネット上で公開されている闘病ブログを見た。ブログを書いていた人が亡くなり、更新が途切れたものもありショックだった。「俺は病気を治し、元気で生きていることを示す」と、自身でもブログを立ち上げた。

ブログ上では普段仲間といた時のように、陽気に振る舞った。副作用で抜けた髪の毛のことを笑い話にしたこともある。「つらい時に読みます」など、同世代からの反応に、自身も励まされた。
復学したのは14年春。治療の後遺症で左足には人工関節を使っている。重い機材を扱うテレビの制作系職種は諦めた。卒業を控える中、「将来は模索中」という。「うまくいかないこともあるけど、病気で悩む人を一人でも救えたら、自分が病気を経験した意味がある」。

AYA世代》 Adolescents and Young Adults（思春期と若年成人）の略語。15～29歳前後でがんを発症した患者のほか、小児期からこの年齢まで治療を続ける患者を指す。小児がんは、国が定める医療費助成制度によって自己負担の上限が最大1万5千円（月額）に抑えられるが、対象は原則18歳未満。以降は成人の高額療養費制度に切り替わる。

院内学級

「これは中国の弦楽器。音がバイオリンに似ているね」。県立がんセンター新潟病院（新潟市中央区）の小児病棟にある「ひまわり学級」。マスク姿の女児と教員が2人でCDを聴き、世界の音楽について勉強していた。

ひまわり学級は、小児がんで長期の入院生活を送る小中学生のため、2001年に開設された。近くの鏡淵小学校と白新中学校から教員が派遣され、平日の午前と午後に2コマずつの授業がある。中学部は国語や数学など5科目、小学部は国語と算数が中心だが、図工や道徳もある。

小児病棟に設けられた「ひまわり学級」小学部の教室。医師の許可が下りた児童は教室を訪れ、授業を受ける＝新潟市中央区の県立がんセンター新潟病院

授業は個別に進める。退院後を考え、これまでの学校の教科書を使い、定期テストや問題集なども取り寄せる。鏡淵小の院内学級担任、八子成子さん(60)は「集団性や社会性も育むようにしている」と話す。

がんセンター小児科の小川淳医師(55)は「生活にメリハリがつき、表情も生き生きとする。院内学級に行きたいというモチベーションは治療面でもプラス効果があるようだ」と指摘する。

高校入試を控える中学3年生のため、受験の時期は特別に午後10時まで小学部の教室を開放している。

一方、課題となっているのは、がん治療を受ける高校生への学習支援だ。院内学級はなく、がんセンターでは元高校教師らがボランティアとして週1回訪問、数学や英語などをベッドサイドで教えている。ボランティアの男性は「生徒の学習意欲は旺盛だが、その背景に仲間から遅れていくことの焦りを感じることが多い」と言う。

退院後の復学も大きな壁となる。長期入院で出席時数が足りず、留年するケースは多い。結局、退学してしまう生徒もいる。

埼玉県の大学生市島泰人さん（23）＝新発田市出身＝は、白血病で高校2年生の夏休みから1年間入院した。2学期の途中から復学したが、治療前の履修は認定されず、翌年の4月からもう一度、2年生となった。「1年の留年で済ませることが治療のよりどころだったのに、ショックを受けた」と振り返る。

教育課程は各校で異なり、進級や卒業の判断は学校長の裁量に任されている。ただ、義務教育ではないといっても大半が高校に進学する時代、対策を打ち出す自治体がある。

神奈川県は14年度、長期入院する県立高校の生徒に対し、入院先の病室に1日2時間、週6時間を限度に在籍校から教員を派遣する制度を始めた。福島県では16年度に、福島県立医大付属病院（福島市）にがん治療で長期入院している生徒が在籍校での進級が難しい場合などに、郡山市の通信制高校に一時的に転籍して、病室で授業を受けることで出席とみなす制度を始めた。復学後、課題やリポートを進級や卒業の評価材料にするという。

こうした取り組みに対し、県教育庁高等学校教育課は「学習支援は検討していくべき課題だと認識している」としている。

入院する子どもの学習支援 ≫

院内学級は入院中の子どもの学習の遅れを補うため、病院内に設置された学級。本県での小児がん治療の拠点となっている新潟大医歯学総合病院（新潟市中央区）にも、がんセンターと同様、小・中学校の特別支援学級として設置されている。このほか、新潟市民病院（中央区）と長岡赤十字病院（長岡市）にも小学生の学級が置かれている。一方、県立吉田病院（燕市）と国立病院機構新潟病院（柏崎市）では併設の病弱特別支援学校に高等部まであり、それぞれの病院で治療する慢性疾患などの生徒を受け入れている（いずれも2016年1月時点）。

治療後の生活

この数十年で、小児がんの治癒率は飛躍的に向上した。一方、発育途中の体に行う抗がん剤や放射線治療の後遺症などのため、後に何らかの「晩期合併症」が現れることがある。

厚生労働省研究班が２０１２年に実施した調査によると、小児がんを経験した２３９人のうち、約半数の１１２人が晩期合併症があると回答した。小児がん経験者を支援する認定ＮＰＯ法人「ハートリンクワーキングプロジェクト」（新潟市中央区）の林三枝副理事長（63）は「医療の進歩で小児がんは治せる時代になったが、晩期合併症などで自立を阻まれる人もいる。社会全体で支える必要がある」と強調する。

その一つが就労だ。同じ厚労省の調査でも、学生を除く１６５人中33人は就労していなかった。未就労者には重い晩期合併症を抱えている人が多い実態も明らかになった。

小児がん経験者を対象にした職業訓練施設「はーとりんく喫茶」＝新潟市中央区の新潟日報メディアシップ

こうした状況の中、プロジェクトは13年春から、小児がん経験者の職業訓練の場として、「はーとりんく喫茶」を新潟日報メディアシップ内で運営する。全国的にも注目される試みで、各地から小児がん経験者や支援団体の視察が相次ぐ。

従業員の一人、新潟市の女性（29）は15歳の時に発症。病気で左目を失明し、晩期合併症として慢性腎不全を抱える。20歳ごろから仕事を探したが、体調や通院が壁となり、アルバイトさえも不採用が続いた。「自分は社会に必要とされない人間なのだと、暗い気持ちになった」と当時を振り返る。

喫茶には元主治医の紹介で14年春から勤務している。「今はお客さんにありがとうと言われるのがうれしい。ここで働き、自信がついた。自立を目指して頑張りたい」と女性。

プロジェクトでは、空き時間にパソコンや資格試験の勉強をすることも奨励している。喫茶での経験を経て、一般企業やカフェに就職、また新たな道を歩んでいる人もいる。

晩期合併症には別のがんを発症する「二次がん」もある。新潟市の女性（35）は、20代後半で乳がんになった。診察した医師に病歴を問われたことがきっかけで、母親から初めて小中学生時代に白血病の治療を受けたことを告げられた。当時は「重い貧血」と聞かされていた。高校に入学、普通の生活ができるようになって、病院から次第に遠ざかったという。乳がんが二次がんかは、はっきり分からなかったが、女性は「自分が小児がんだったことが分かっていれば晩期合併症の知識もあり、積極的に検査を受けていた」と悔やむ。

小児がんは治療後も、定期検査などによる継続的な医療支援が求められる。県立がんセンター新潟病院（新潟市中央区）では08年、小児がん経験者を対象とした「長期フォローアップ外来」を開設した。がんセンター小児科の小川淳医師（55）は「結婚や就職で県外に転居しても、小児期の治療内容を転居先の医療機関と共有できる体制を整えている。フォローを続け、晩期合併症などの早期対策やケアについて情報提供することが大切だ」と話す。

晩期合併症》 病気そのものや、放射線、抗がん剤などを使った治療の影響により、治療終了後数カ月～数十年を経過してから発症する後遺症のこと。主なものとしてはホルモン分泌不全による低身長や不妊、心臓や腎臓といった臓器機能の異常、認知障害などが挙げられる。発症の仕方はがんの種類や治療を受けた年齢、治療内容によってさまざまで、成長後に新たに別のがんを発症する「二次がん」も含まれる。現在は晩期合併症を起こさないよう考慮された治療も進められつつある。

支える経験者

新潟市中央区の静かな住宅街に、「セキネハウス」と名付けられた一軒家がある。小児がん患者に付き添う家族が安価で長期滞在できる宿泊施設だ。受け入れを始めて２０１６年１月で丸１年。この間、佐渡や十日町、新発田市などの５家族が、それぞれ１カ月余り利用した。

運営するのはＮＰＯ法人「骨髄バンク命のアサガオにいがた」。会長の丹後まみこさん(57)＝胎内市＝と副会長の高野由美子さん(52)＝加茂市＝は「ひとときでも疲れを癒やしてほしい」と口をそろえる。丹後さんは１９９３年に7歳の次男を、高野さんは２００５年に18歳の長男をともに白血病で亡くしている。「息子のように亡くなる子どもを減らしたい」と、骨髄バンクの普及や啓発に取り組む。

患者家族のための滞在施設「セキネハウス」の一室。「利用者から、ほっとできたと言われるとうれしい」と話す丹後まみこさん（右）と高野由美子さん＝新潟市中央区弁天橋通２

本県では、小児がん治療の拠点病院は新潟市の中心部にある。子どもが長期入院すると親たちは小児病棟に寝泊まりし、遠方の自宅と病院を行き来することも多い。病院内には家族の滞在施設がなく、骨髄移植などのため無菌室への長期入室が必要になった際は宿泊が制限されることもあり、近くのホテルやアパートを利用せざるを得ない。経済的負担が大きかった。

市内の主婦(33)は白血病を患った長男(9)の移植に伴って施設を利用した。週末には夫と次男も訪れたという。「病院まで車で1時間弱かかる。雪や凍結があり、消灯後に帰宅し、早朝再び来るのは心配だった」と感謝する。

小児がんで闘病生活を送る患者家族を支えようと、「がんの子どもを守る会新潟支部」では電話相談に乗っている。会は子どもが小児がんを経験した親らでつくる。支部代表幹事の木村建吉さん（62）＝村上市＝は「薬の副作用や病気の告知など、当事者だからこそ助言できる。不安な気持ちに寄り添いたい」と語る。

小児がん経験者も、患者や家族を励ますために意欲的に活動する。年末、県立がんセンター新潟病院の講堂に、治療中の子どもと家族約30人が集まった。恒例のクリスマス会を企画したのは、小児がん経験者の会「オークの木」だ。メンバーは子どもたちに、それぞれの希望に合うプレゼントとお菓子を用意した。

会は2000年に設立。現在は20～30代の社会人を中心に、中高生らも合わせて10人ほどが参加している。会長を務める新潟市東区の会社員、山田陽子さん（31）は幼少期に白血病の治療を受けた。「病棟から外出できなくても、子どもたちが楽しい思い出をつくってくれたらうれしい」。当日はサンタクロース姿で会を進行していた。

「オーク」は木の名で、触ると病が治るという言い伝えに由来している。毎年8月には夏祭りを開催し、綿あめやポップコーンを作る。メンバーの男性（30）は「後輩が将来に希望を持てるよう支えたい」と力を込めた。こうしたイベントは小児がんを克服した先輩たちの元気な姿を、患者や家族に知ってもらう何よりの機会となっている。

経験者による支援》セキネハウス（新潟市中央区弁天橋通2）は1泊千円で利用できる。小児がん以外の患者家族の利用相談にも応じている。問い合わせは「骨髄バンク命のアサガオにいがた」事務局、0256（46）0068▽「がんの子どもを守る会新潟支部」の窓口は県立がんセンター新潟病院地域連携・相談支援センター、025（266）5161。相談は電子メール、nozomi.niigata@gmail.com でも受け付ける▽「オークの木」のホームページは http://www3.hp-ez.com/hp/oaks-tree

第五章　罹患増の中で…　女性と乳がん

乳がんは、女性がかかるがんの中で患者の数が最も多い。乳がんの罹患《りかん》は30代後半から目立ち、40代後半から60代前半にかけてピークとなっている。ただ、自身で気付きやすく、早期の発見と治療によって、治る可能性の高いがんでもある。

検　診

新潟市中央区で開催された乳がんの啓発イベント。会場には検診車が横付けされ、約60人がマンモグラフィー（乳房エックス線撮影）検査を受けた。

検診は5年ぶりという同市江南区の会社員佐藤めぐみさん（46）は「面倒で、どこか人ごとと考えていたが、年齢を考えるとこれからは定期的に受けたい」と話した。

患者の増加がいわれ、乳がんであることを公表する芸能人も相次ぐ中、検診への関心は次第に高まっている。

　新潟市の２０１６年４～７月の検診受診者は７０６７人で前年同期比で約５６０人増えた。担当者は「土日検診を中心に回数を増やすなどしている。初診者の割合が増えている」と説明する。イベントでの検診も、予約開始日に満員になったという。

　現在、市町村が行う乳がんの住民検診は、40歳以上を対象に2年に1回のマンモグラフィーが推奨されている。国の指針では、15年度までマンモと視触診との組み合わせが推奨されてきたが、視触診は外れた。

啓発イベントに合わせた乳がん検診。検診車の中でマンモグラフィー検査が受けられた＝新潟市中央区の新潟日報メディアシップ

　マンモは乳房をプラスチック板で挟んで薄く延ばして撮影する検査で、病変が白く映る。手で触れるようなしこりになる前の小さながんの発見にも有効とされている。

　県労働衛生医学協会の諸田哲也医師（50）は「マンモは、死亡率減少効果が証明されている唯一の検診方法。画像を一望して病気の見当をつけることができ、費用対効果の面でも優れている」と強みを挙げる。

半面、乳腺も白く映るため、乳腺が発達している若年層の場合、異常を見つけにくいという弱点がある。住民検診の対象となる40歳以上でも特に閉経前は、乳腺密度が濃くて見分けがつけにくい「高濃度乳腺」と呼ばれるタイプの人が少なくない。

こうした中で改めて注目されているのが、乳腺密度の影響を受けない超音波検査だ。15年、マンモとの併用で40代女性のがん発見率が1・5倍になるとの研究結果が公表された。一方、がんではない良性の病変を検出しやすく、体に負担のある精密検査が必要な人が増えたり、技師の技量に左右されたりするといった課題が指摘され、検診での有効性はまだ証明されていない。

近年は「高濃度乳腺」の人に注意を促すため、本人に伝える医療機関なども出ている。県労働衛生医学協会では、人間ドックなどの任意検診でマンモを受けた人に限り、画像から超音波検査が勧められる場合、その旨を通知している。

県立がんセンター新潟病院の佐藤信昭院長（61）＝乳腺外科＝は「40歳以上は定期的に検診を受け続けることが大切。家族に乳がん経験者がいるなど心配な人は30代から任意の検診を受けてほしい。また、自分で触ることで見つけやすく、普段から月1回は自己触診をすることが大切だ」と呼び掛ける。

医療体制

がん診療連携拠点病院の一つ、県立新発田病院乳腺外科の池田義之医師（42）は「乳がん患者は増えているのに、県内では医師は不足している」と語る。

乳がんの治療は、腫瘍を外科手術で取り除くのが基本で、外科の領域となる。近年は罹《り》患《かん》者の増加に伴い、「乳腺外科」「乳腺科」などを掲げる病院や診療所が増えつつある。

ただ、専門医は十分ではない。日本乳癌《がん》学会（東京）は経験や実績に応じて乳腺認定医・専門医を認定している。このうち診療経験が豊富な専門医は全国で約１３８０人に上るが、本県は14人にとどまる（２０１６年10月時点）。半数は現在、新潟市内の病院に所属しており、地域的な偏りもある。

池田医師は、新潟市を除く下越地域でただ一人の乳腺専門医だ。年間約１００件の手術を執刀。手術後のフォローや抗がん剤治療もある。１週間に新患や再来、精密検査の希望者を合わせ約１００人を担当しているという。

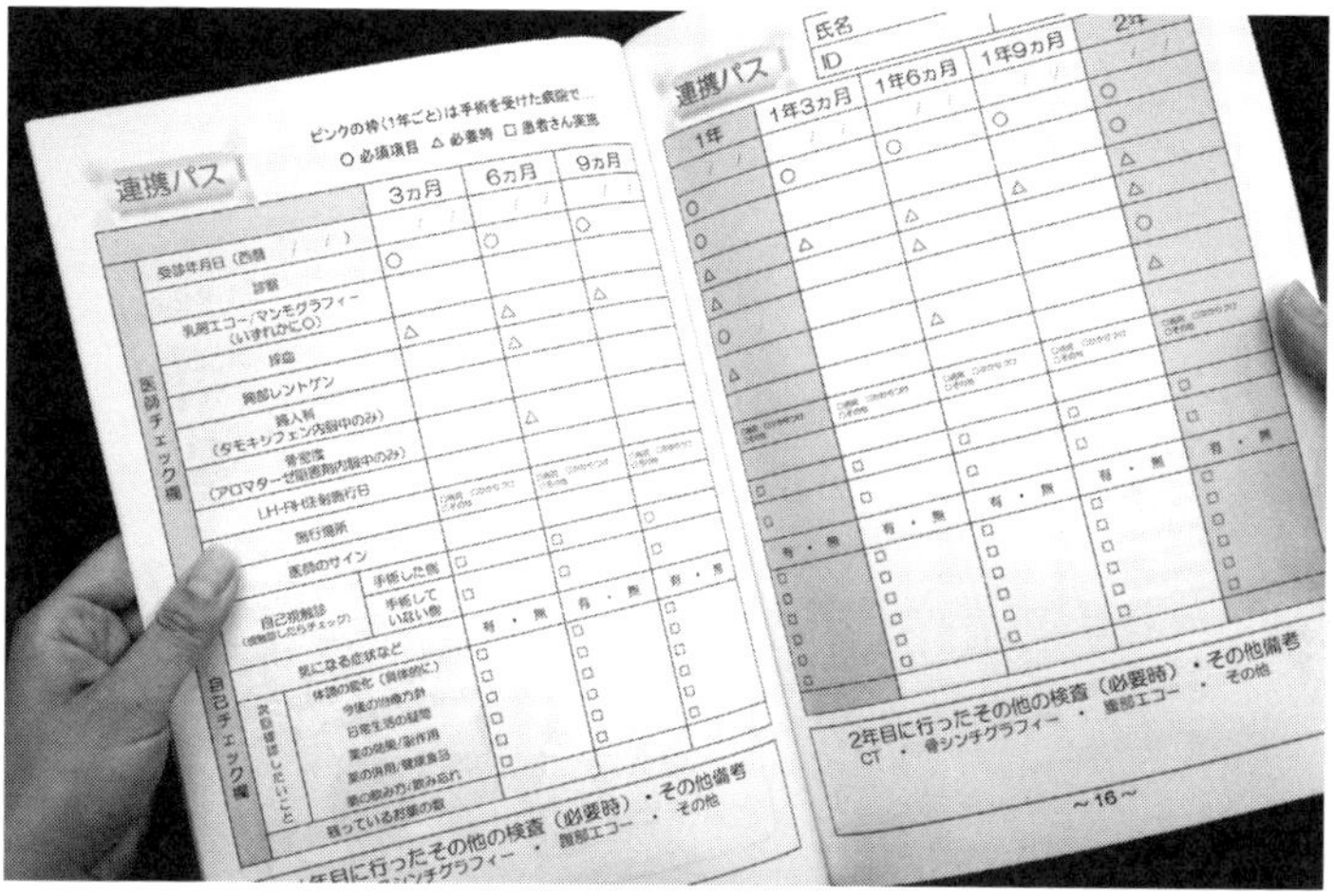

「地域連携クリティカルパス」を使う乳がん患者のノート。手術をした拠点病院の医師と、地元のかかりつけ医が治療記録を書き込み、経過を見る

自己触診で異常に気付いたり、検診を受けて精密検査が必要といわれたりした場合、専門的な医療機関でマンモグラフィー（乳房エックス線撮影）や超音波検査を受けることが勧められる。必要なら針を刺して細胞を採取する「針生検」などから、がんなのかを見極める。

症状にもよるが、拠点病院などは受診まで、数カ月待ちの状態が珍しくない。紹介状がないと原則、予約を受け付けない所もある。「不安なまま待つのはつらい」といった声が聞かれる中、ある専門医は「心配なら、まずかかりつけ医や地元の外科などを受診して」と助言する。

乳がんは、他のがんに比べて治療が長期

に及ぶことが多く、10年間は経過観察が必要とされている。専門医らは「患者を全て診ていたらパンクする」と口をそろえる。

こうした中、県内の拠点病院でつくる「がん診療連携協議会」が中心となり、２０１１年に導入されたのが「地域連携クリティカルパス」の仕組みだ。

手術や放射線などの治療が終わり、ホルモン療法や経過観察に入った患者を対象に、連携先の地元診療所などで診察を受けてもらう。

パスは胃や大腸など5大がんの患者が対象だが、予後が良く、経過観察が長い乳がんが大半を占める。同協議会によると、15年度に活用が始まった５４３件のうち、５１４件は乳がんだ。

三条市の女性（49）もパスを使う。39歳の時、胸に硬い骨のような感触があり、地元の総合病院を受診。紹介された県立がんセンター新潟病院（新潟市中央区）で治療した。その後、パスによって当初かかった地元の病院に通院し、ホルモン療法も受けた。

パスに基づき、年に1度拠点病院で診察を受けるほか、再発や合併症があれば担当医が連絡し、すぐに拠点病院で診察が受けられる態勢が整えられている。

女性は「安心して過ごせる。病院の往復と待ち時間の負担が減った」と話す。

サポート

長岡赤十字病院（長岡市）に勤務する頓所弘美さん（36）は、乳がん看護についての専門知識を持った「乳がん看護認定看護師」だ。２０１５年に開設された「がん看護外来」で個別相談に応じている。

がん診療連携拠点病院の同病院には、日本乳癌《がん》学会が認定する「乳腺専門医」がいる。患者が集中し、個別対応の時間が限られる場合がある。「待合室に大勢いると、医師に質問しづらいと感じる患者もいる」。医師をフォローし、患者を支える役割を担う。

乳がん看護認定看護師は日本看護協会が認める専門資格。知識と実務経験がある看護師が取得できる。がんに関係する認定看護師としては、他に疼痛《とうつう》看護や化学療法などの分野もあるが、個別のがんとしては乳房だけに資格が存在する。看護協会によると、県内では16年10月現在5人の看護師が登録している。

「乳がんは治療の選択肢が多い。告知でショックを受けている患者がさらに悩みを抱え、不安に陥らないよう専門的なアドバイスをしています」と頓所さんは話す。

例えば、手術は乳房の一部を摘出する温存術か、全て摘出するのか。人工乳房などで膨らみを新たに作る「再建」をするのか、しないのか。抗がん剤治療の開始時期をいつにするのか――。予約制で1時間～1時間半ほど患者と面会する。「納得して治療に向かえるよう、患者に寄り添いたい」。そう心掛けている。

上越市の助産師高橋ゆみさん（52）は、3年前に乳がんが分かった。自身の助産院や市内の子育て支援施設で闘病体験を語り、自己触診の方法を教えている。「体験者として、女性の生涯に寄り添う助産師として啓蒙《けいもう》を続けたい」と語る。

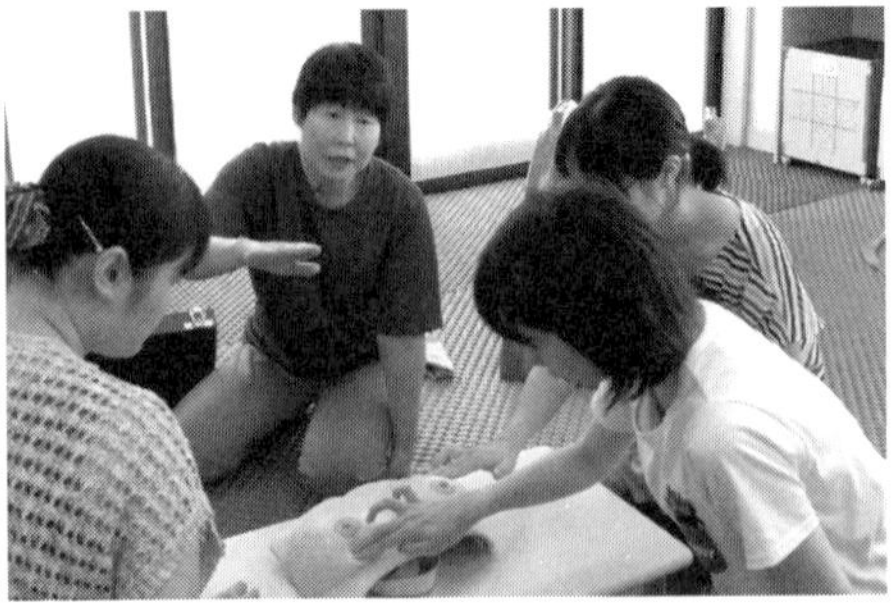
子育て中の母親に、乳がんについて話をする助産師の高橋ゆみさん（左から２人目）＝上越市

夏の終わりに開いた講座では乳幼児連れの母親を前に、自身は皮膚のひきつれから異常に気付いたことや、リンパ節に転移があり全摘手術を受けたことなどを紹介。触診モデルを使ってしこりの硬さを確認してもらいながらポイントを伝え、「授乳中でもがんが見つかることはある。触るだけでなく、見た目の変化も大切に」と呼び掛けた。

1歳の息子と参加した女性（31）は「子育てに追われ、自分のことを気にする時間がなかった。若い人でもがんになると聞き、気にはなっていた」と話していた。

新潟市内の保健師らが主宰する子育て支援団体「親子の育ち合いルーム　ｔｅｔｅ（テテ）」も、自己触診の方法を教える講座を開いている。服の上から実際に胸を触ってもらいながら、力加減などを具体的にアドバイスする。

「触診方法はパンフレットなどによく書かれているが、こつを知る場は少ない」と代表で保健師の橋本純子さん（40）。「デリケートな部分のため、異常に気付いていてもそのままにし、心配を口に出せない人も多いのでは。自由に話せる環境をつくり、受診の背中を押したい」と力を込める。

外見ケア

乳がん治療では、手術で乳房を失ったり、抗がん剤の副作用で脱毛が起きたりして、患者は外見の変化にも悩む。

「病気のことを周囲に知られたくなくて…。外見は分からないようにしていたが、つらかった」。新潟市西蒲区の榎本美貴さん（36）は2015年2月に乳がんと診断され、一部切除の手術を受けた。その後の抗がん剤治療で髪が抜け、爪は黒く変色してがたがたになった。そうした中でウイッグ（かつら）や帽子をかぶり、優れない体調を押して子どもの授業参観や部活の試合観戦にも出掛けたという。榎本さんは「乳がんは働き盛りや子育て世代に多い。外見ケアの情報がもっとほしい」と話す。

こうした外見の問題や悩みは、患者の生活の質を下げ、社会生活に影響を及ぼすことが指摘されている。近年は医療側のサポートの必要性もいわれており、16年夏には国立がん研究センター中央病院（東京）が中心となり、医療者向けの指針がまとめられた。

副作用症状の治療法などを取り上げた「治療編」と、肌の手入れや化粧法などに関する「日常整容編」で構成され、患者から多く寄せられる50の質問に答えている。例えば、抗がん剤治療中の安全な洗髪方法については「髪と地肌をぬるま湯で十分ぬらし、治療前から使用していたシャンプーを継続する」といった具合だ。

新潟大医歯学総合病院（新潟市中央区）では、数年前から院内の看護師研修で外見ケアを取り入れ、脱毛や皮膚障害について学んでいる。抗がん剤治療を受ける患者に、外見に現れてくる影響や期間を事前に伝え、「ウイッグを使い始める時に地毛を切ると、気付かれにくい」「濃いパステル系のマニキュアを使うと目立たない」などと助言。通院治療室には化粧品や爪のケア用品などの見本や冊子も置き、がん相談支援センターを通せば院外の患者も情報収集ができるようにしている。

企業の動きも目立つ。レリエンスメディケア（新潟市東区）は、JR新潟駅前（中央区花園1）に、がん患者専用のサロンを開設した。予約制で女性スタッフが個別に悩みの相談に乗り、人工乳房やオーダーメードの医療用ウイッグを紹介している。「かかりつけの美容室には行きにくい」との声があることに配慮し、美容師が治療後に生えてきた地毛を整えるスペースも設けた。小林勝広社長（48）は「自分らしさを取り戻すサポートをしたい」と言う。

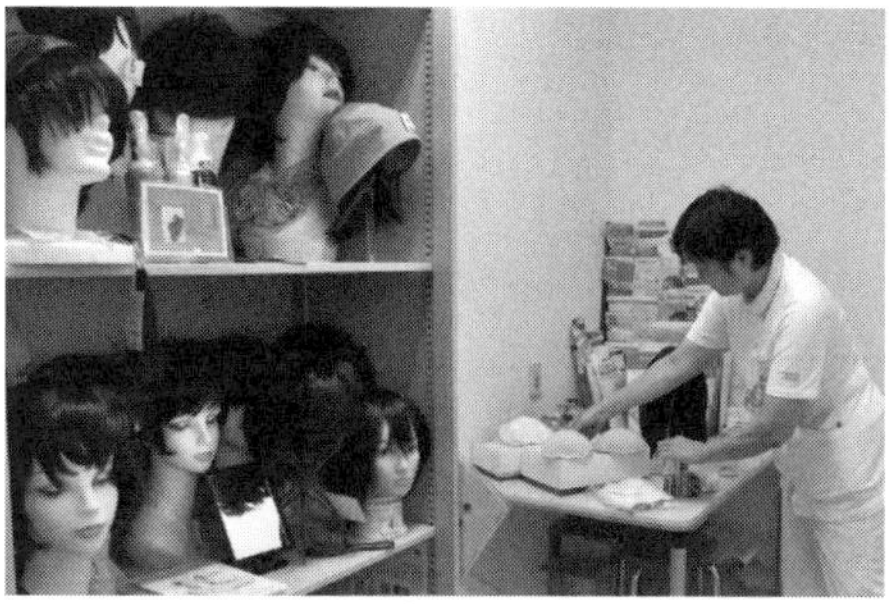

医療用ウイッグなどが並ぶ新潟大医歯学総合病院の通院治療室＝新潟市中央区

医療用ウイッグを扱う「スヴェンソン新潟サロン」（中央区万代1）でも、爪のケアや化粧などを含めた患者からの相談を受けている。最近は県内の病院スタッフからの相談も増えているという。

外見ケアについて、長岡赤十字病院（長岡市）のがん看護専門看護師白井直美さん（46）は「その人らしく過ごせるためにするケア。自然に見えるように外見を整えることで、気持ちが前向きになれる」と語る。

当事者の悩みに助言　経験者でつくる「あけぼの会」

乳がんは治療や経過観察の期間が長く、再発や転移の不安などを抱えながら、日常生活を送っている人が少なくない。乳がん経験者でつくる「あけぼの会新潟支部」（現あけぼの新潟）では月2回、県立がんセンター新潟病院（新潟市中央区）で「あけぼのハウス」を開き、経験者が患者の悩み相談に乗っている。

内藤桂子代表（59）は「参加者には、悩みを話す場がない人や家族に分かってもらえないという人も多い」とする。

「自分もかつては知識がなく、ネットの情報で頭の中が真っ白になった経験がある」という内藤さんは、20年前に乳がんが見つかって手術。肺や首のリンパ節への再発転移を経験しながら、ホルモン治療を続けている。「がんは私にとって一生付き合わなければならない〝やっかいな同居人〟。同じ立場の人に自分の経験を伝えていきたい」と話す。

第六章　変わる治療

外来の拡充

穏やかな音楽が流れる室内に、テレビ付きのリクライニングチェアがカーテンで仕切られて並ぶ。

新潟市民病院（同市中央区）の「点滴室」は、抗がん剤治療を受ける外来患者のための治療室だ。２０１３年秋、病院の南棟建設に合わせ、従来の24床から30床へと拡充された。

入院したままで、が当たり前だったがん治療は近年、通院で行われることが増えている。同病院では、抗がん剤による外来化学療法の件数は08年度の約２９００件に対し、13年度は約５７００件と、５年間で倍近くに伸びた。

中には、仕事をしながら治療中の患者もいる。「副作用や治療など、家で過ごす中で不安に感じていることを聞き、少しでも安心してもらいたいと思っています」と、点滴室の菅井美佐子看護師長（52）。

がん情報管理室長を務める伊藤和彦医師（52）は「吐き気止めなど、抗がん剤の副作用を抑える薬の進歩が大きい。患者さんにとって、これまでの日常生活を維持できるのがメリット」と説明する。

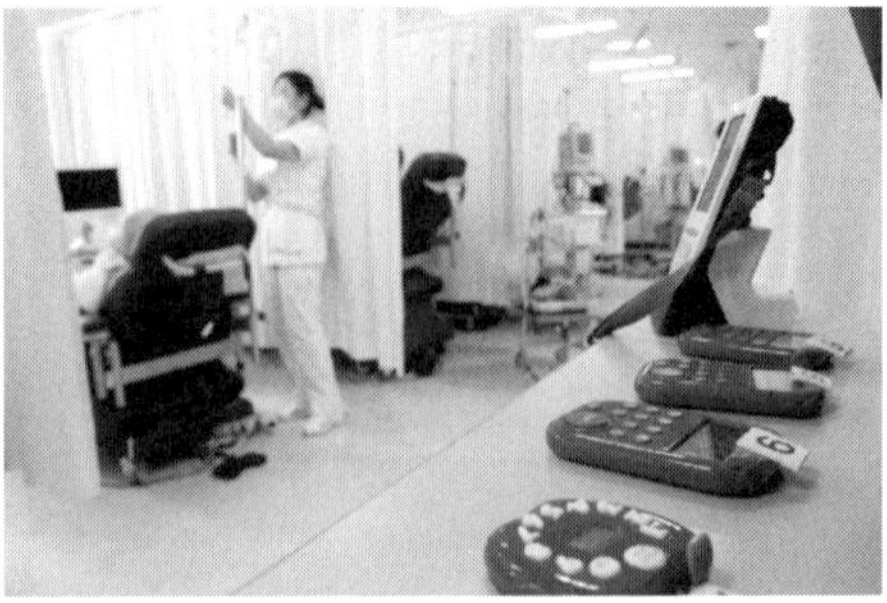

抗がん剤治療を受ける外来患者専用の点滴室。タイマーが並び、看護師が患者の様子を時間ごとにチェックする＝新潟市中央区の新潟市民病院

以前より体への負担が少ない治療が可能となったほか、がんになった後も患者の生活の質を重視する考え方が広まりつつあることや、国が平均入院日数の短い医療機関の診療報酬を手厚くするなどの施策を取っているのも背景にある。

外来治療の増加に伴い、がん患者の入院日数は全体的に短縮化の傾向にある。都道府県単位のがん診療連携拠点病院である県立がんセンター新潟病院（新潟市中央区）の場合、２０００年の平均入院日数24・2日が、12年は14・7日になった。

がんセンターでも15年、外来化学療法室を30床へと倍増した。また、長岡赤十字病院（長岡市）では13年、入院日数の減少に伴って再編した病棟スペースを使い、外来化学療法室を20床に拡充した。

肺がんの治療で新潟市民病院の点滴室に通う無職男性（68）は「入院すれば家族に心配を掛けてしまう。今は痛みなどの症状もないので、通院で治療できるのはありがたい」と受け止める。同病院の大谷哲也副院長（55）は「外来治療はより安心して受けられるようになっている。今後、ますます増えていくだろう」と語る。

画像診断

新潟大医歯学総合病院（新潟市中央区）の画像診断室。モニターに映し出されたCT（コンピューター断層撮影装置）の画像に、放射線診断医がじっと目を凝らす。

効果的な治療のためには、まずは的確にがんの状態を把握することが重要となる。中でも画像診断は、早期発見や病期（ステージ）の決定に欠かせない。CTやMRI（磁気共鳴画像装置）をはじめ、医療機器の技術進歩も著しい。

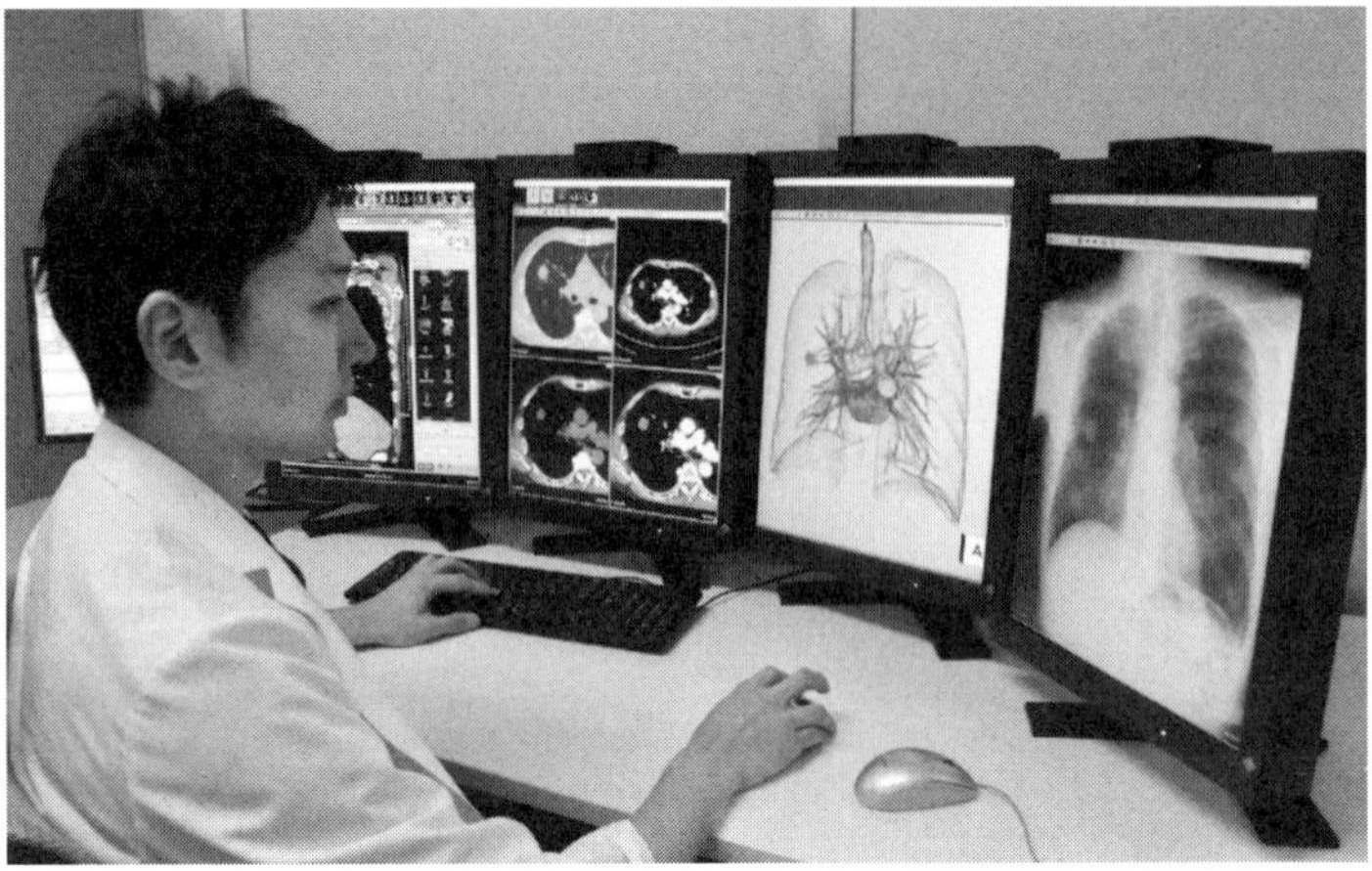

モニターの画像を見詰める放射線診断医。立体画像で緑色に着色されているのががんの病巣＝新潟市中央区の新潟大医歯学総合病院

同病院の吉村宣彦准教授（49）は「リンパ節への広がりや転移の有無などを厳密に確認できる。経験に頼っていた見極めの難しいケースも画像で判断できるようになった」と語る。吉村准教授は、ＣＴは１９９０年代前半、１枚ごとに機械を動かし、10分以上をかけて10～20枚程度の「体の輪切り」をフィルム撮影するのが一般的だったと振り返る。

現在は、体を０・５ミリという薄さでスライスした画像を数百枚単位で撮影、デジタル処理で多方向からの観察ができるようになった。放射線の被ばく量を抑え、数秒の息止めで済むなど、患者の負担も軽減している。

注目されているのが、ＰＥＴ《ペット》（陽電子放射断層法）と、ＣＴを組み合わせた検査装置「Ｐ

ET－CT」だ。PETは、がん細胞が正常細胞よりブドウ糖を盛んに取り込む性質を活用。体内にブドウ糖に似た物質と合成した放射性の医薬品を注射してから撮影すると、医薬品が集積した部分が強く光る。その様子とCTの画像を重ねることで、病変の場所とその勢いが同時に分かり、病期の特定や微小のがんの発見に役立つと期待されている。

県内の診療現場にある「PET－CT」は2015年2月時点で、県立がんセンター新潟病院（新潟市中央区）の1台だけ。検査ニーズは高く、同病院には1年間に、各地の医療機関から約680件の検査依頼が寄せられた。

15年度中には県の補助制度を活用し、新たに県立新発田（新発田市）、長岡赤十字（長岡市）、県立中央（上越市）、新潟大の4病院でも稼働した。

がんセンターの関裕史医師（52）は「PETでは見つけられないがんも多く、過信してはいけない」とした上で、「将来的には治療効果の確認などへの活用も期待できる」と話す。

病理検査

県立がんセンター新潟病院（新潟市中央区）の病理検査室に、手術室から連絡が入った。「迅速です」。部屋には緊張感が漂った。

手術室と直結するエレベーターで運ばれてきたのは、切り取ったばかりの肺腫瘍の患部。スタッフが素早く凍結して標本を作り、複数の病理医が顕微鏡をのぞく。「悩ましいな…。反応性の炎症とも考えられ、がんとは言い切れない。手術は部分切除で終了していいだろう」。診断までにかかった時間は約15分。手術の最中に診断を下す「術中迅速診断」だ。結果は直ちに手術の進行に反映される。

切り取った病変の一部や、尿やたんから採取した細胞を顕微鏡で観察し、がんかどうかや転移の有無などを調べる病理検査。細胞の形がどのくらい正常な細胞と異なっているかの異型度や、重なり合いを見極める。

がんセンターでの2014年の病理診断数は約2万2千件で、20年前と比べて約5千件増えている。このうち「術中迅速診断」は600件ほど。病理医の本間慶一副院長(61)は「がん細胞と正常な細胞は『顔つき』が違う。診断には経験が求められます」と語る。

また、「近年需要が増しているのが、治療の適応診断だ」と本間副院長。治療の現場では2000年代に入り、がんを増殖させる特定の遺伝子やホルモンに作用する化学療法(薬物療法)が増加。治療が選択できるかどうかは、その遺伝子やホルモンが細胞や組織にあるかどうかなどを詳しく調べた上で決められる。

病理医は、がん治療の中心的な役割を果たす「がん診療連携拠点病院」の要件として、1人以上の常勤医を置くことになっている。がんセンターでは3人が勤務する。

まだ少ないが、首都圏などでは、患者や家族が病理医から直接、診断結果の説明を受けることのできる専門外来を持つ病院もある。

しかし、病理医は全国的に不足している。県医務薬事課によると15年2月時点で県内の病理医は29人。県内のがん診療連携拠点病院のうち、複数の医師がいるのはがんセンターのほか、新潟大医歯学総合（新潟市中央区）、新潟市民（同）、済生会新潟第二（同市西区）、長岡赤十字（長岡市）の5病院にとどまっている。（現在、済生会新潟第二は県認定の準拠点病院となっている）

放射線

放射線治療は手術、化学療法と合わせ、がんの三大標準治療の一角を担っている。

治療は細胞のDNAに放射線を当ててダメージを与える。正常細胞に比べ、がん細胞の再生能力が劣る性質を利用。治療を繰り返すことで、がんを消滅させたり小さくしたりする。一般的な治療は1週間のうち平日の5日間に毎日照射し、これを1カ月から1カ月半続けることが多い。1回の治療に要する時間は15分程度だ。

新潟大医歯学総合病院（新潟市中央区）の放射線腫瘍医、青山英史教授（46）は「高齢化が進み、がん患者も高齢化している。体力のない高齢者向きの治療として、相対的に必要性が増している」と指摘する。日本放射線腫瘍学会の調査では、がん患者のうち放射線治療を受けている割合は29％（2010年）で、徐々に増加している。手術や化学療法と併用される場合も多い。

放射線治療は効果も、副作用も照射した場所にだけ現れるため、がん細胞を効果的に狙い、周辺の正常細胞へのダメージを少なくする最新治療が広がりつつある。小さながんに多方向からピンポイントで照射する「定位放射線治療」や、放射線の強度を変化させがんにだけ大量の放射線を当てる「強度変調放射線治療」などだ。

定位放射線治療は肝臓や肺などの小さながんに、強度変調放射線治療は増加がいわれる男性の前立腺がんなどに有効とされる。

県医務薬事課によると、がん診療連携拠点病院で定位放射線治療を手掛けているのは13

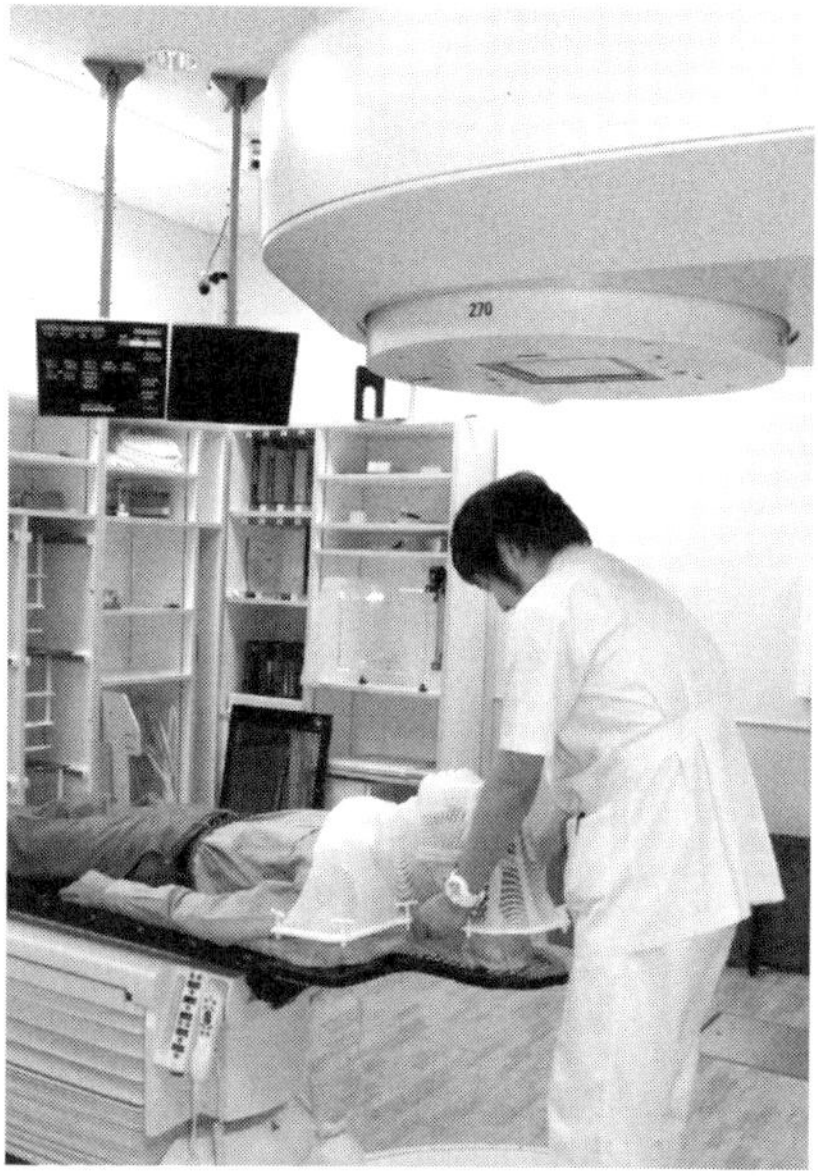

定位放射線治療や強度変調放射線治療の際は、プラスチックの固定器具で、照射位置がずれないようにする＝上越市の県立中央病院

年末時点で、新潟大のほか、県立がんセンター（新潟市中央区）、長岡赤十字（長岡市）、県立中央（上越市）、新潟労災（同）の5病院。強度変調放射線治療は新潟大、がんセンター、県立中央の3病院。このほか、上越総合病院（上越市）などでも取り組まれている（15年2月時点）。

県立中央は08年の定位放射線治療に続き、10年に強度変調放射線治療を始めた。患者によって放射線を当てる方向や範囲などをコンピューターでプログラミングする。同病院の担当医は「前立腺がんの治療では、がんの周りにある直腸やぼうこうにほとんど照射しないで済み、ぼうこう炎など治療後に現れる晩期障害を防ぐことができる。患者のＱＯＬ（生活の質）向上につなげられる」と説明する。

分子標的薬

抗がん剤を用いる化学療法（薬物療法）は、手術や放射線など他の治療法と組み合わせて行われることが増えている。手術前にがんを縮小させ、切除部分をなるべく小さくする「術前化学療法」や、手術後に目に見えないほど小さながん細胞をたたき、再発を防ぐ――といった具合だ。

がん細胞の増殖を抑えたり、破壊したりする抗がん剤。一方では吐き気や脱毛などの副作用が伴う。ただ、県立新発田病院（新発田市）のがん薬物療法認定薬剤師、勝山里佳さん（43）は「副作用を防ぐ薬は進化しており、特に吐き気については改善されてきている」と話す。

認定薬剤師はがん患者の増加を受け、日本病院薬剤師会が設けている。2015年2月時点で全国で829人が患者をサポートしており、県内での登録者は12人。新発田病院では勝山さんを含め2人が勤務する。薬の効果や現れやすい副作用を病棟で説明し、患者の治療への理解を深めている。

治療薬も進化している。近年注目されているのが「分子標的薬」だ。従来の抗がん剤が正常細胞も攻撃するのに対し、がん細胞の増殖に関わる特定の分子を狙い撃ちする。

国内で初めて承認されたのは01年。年々種類が増え、15年2月時点では血液がんや乳がん、消化器がんなど向けに約40種類がある。肺がんの治療薬を内服している中越地方の女性（37）は「便が緩くなるなどの副作用はあるが、仕事や日常生活に支障はなく、精神的にも楽になった」と言う。

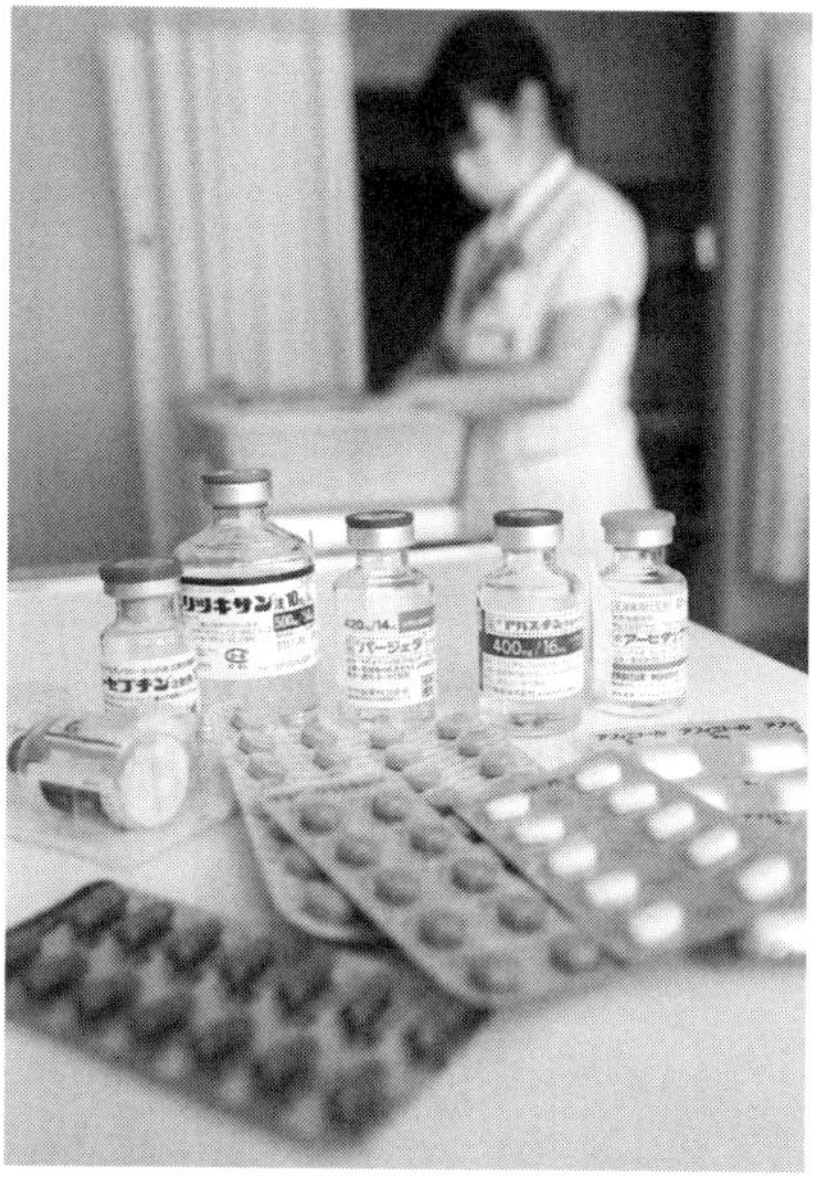
点滴や飲み薬など、薬剤の開発が進む「分子標的薬」＝長岡市の長岡赤十字病院

長岡赤十字病院（長岡市）の小池正副院長（65）は「従来の抗がん剤だけでは予後が良くなかったがんでも、生存期間の延長がみられる」と説明。ただ、使えるのは、病理検査などで標的となる分子が確認された場合に限られ、薬価が1日分で1万円以上と高額なものが少なくない。そのため、月額の

自己負担額に限度を設けた高額療養費制度があっても、「治療を諦める人がいる」（小池副院長）のが現状だ。

また、分子標的薬は、顔にニキビのような発疹が出たり、手足が赤く腫れ上がったりする副作用が出る場合がある。副作用に対処するため、同病院では皮膚科医や看護師、薬剤師ら約20人がチームを結成。患者に生活上の注意点や化粧品の選び方などを伝えている。

内視鏡手術

長岡中央綜合病院（長岡市）の手術室。モニターに、大腸がん患者の腹部内の様子が映し出されていた。小型カメラの映像を確認しながら、がんを摘出する内視鏡手術だ。近年、早期がんの段階での手術方法として広まっている。

「開腹や開胸手術と違って傷が小さいため、患者の体への負担も少なくて済む」。同病院外科部長の西村淳医師（48）は、内視鏡を使った手術の利点を挙げる。

腹腔《ふくくう》鏡や胸腔鏡は内視鏡の一つ。体のどの部分に挿入する内視鏡かで名称が異なる。早期の大腸がんや胃がん、前立腺がんなどでは腹腔鏡を使いながらの「腹腔鏡手術」による切除が一般的になりつつある。手術は腹腔内をガスで膨らませて行う。数ミリ～数センチの穴を数カ所開け、カメラの付いた長さ約30センチ、直径1センチ足らずの棒状の腹腔鏡と、医療器具を入れ、患部を拡大した大画面を見ながらがんを摘出する。

同病院は、腹腔鏡手術で県内トップクラスの実績を誇る。大腸がんでは本格導入から10年ほどがたち、約1200例の手術を実施した。胃がんでは2008年から取り入れており、約430例を数える。

同じ大腸がんとの比較では、開腹手術では腹部を20センチ弱切る。腹腔鏡手術では切除する部位が小さく出血が少ない。腸運動の回復も早いことなどから、早ければ術後4日で退院が可能という。さらに、ごく初期のがんの場合、穴を開けずに肛門から入れた内視鏡を使って、がんを切除することもある。

ただ、特殊な器具を用いたり、患部を直接見ることができなかったりする内視鏡手術を行う医師には、熟練した技術が求められる。日本内視鏡外科学会（東京）では、高い技術力と指導力の要件を備えた医師を「技術認定医」として認証している。

県医務薬事課によると、県内のがん診療連携拠点病院には、7病院に計19人の技術認定医が在籍（15年2月時点）。新潟市民病院（新潟市中央区）の5人をはじめ、県立がんセンター新潟病院（同）、長岡赤十字病院（長岡市）、長岡中央綜合が各3人などとなっている。技術認定医でもある長岡中央綜合の西村医師は「新しい手術技法として発展途上でもあり、今後も患者のために技術を磨いていく必要がある」と語る。

キャンサーボード

「キャンサーボード」と呼ばれる検討会が、新潟大医歯学総合病院（新潟市中央区）の会議室で始まった。治療の合間を縫い、院内から約30人の医師が慌ただしそうに集まった。主治医ががん患者の病状を説明し、医師たちは正面に設置された大型モニターのCT（コンピューター断層撮影装置）画像を見詰めながら、意見を交わす。「治療は手術ではなく、（放射線の）照射主体で進めましょう」。結論が出ると、次の患者の検討に移った。

キャンサーボードは、がんの治療方針について意見を交わす場だ。合併症などがあり、主治医だけでは治療方針を定めることが難しかったり、判断に迷ったりする場合、他の医師からアドバイスをもらう。

「それぞれ専門の立場から見解を述べ、最適と考えられる治療方針を決めるのが目的で

毎週開かれている「キャンサーボード」。院内各科から医師が参加し、がん患者の治療方針を決めている＝新潟市中央区の新潟大医歯学総合病院

す」。同病院のキャンサーボード設置に携わった腫瘍内科の西條康夫教授（55）は説明する。

キャンサーボードの開催は、２００８年からがん診療連携拠点病院の指定要件となった。方法や回数は各病院に任されており、県内では消化器科内だけなど小規模で開いているケースが多い。新大病院では、合併症などで各診療科をまたぐ患者が増えているとして、13年1月から毎週、院内の全科を対象にして開催している。医師だけではなく、看護師や薬剤師も加わるのが特徴だ。

高齢化社会の到来で、高齢のがん患者が増加。がん以外の病気を抱えている患者も多く、キャンサーボードの重要性は増している。例えば、がんとともに糖尿病を抱えている患者の場合。抗がん剤治療をしたいが、腎機能が低下している。果たして抗がん剤治療は可能かどうか、もし可能ならどんな種類の薬を選ぶべきか—。

キャンサーボードの進行役を務める、放射線治療科の海津元樹助教（46）は「合併症があると、より多くの条件を考慮して、治療をしなくてはならない。だが、主治医1人の経験だけでは限界がある。各科からのプロの助言を得られることで、患者のための治療に専念できる」と語る。

新大病院では毎週、10例程度の治療方針を検討している。西條教授は「直接、言葉を交わすことはないかもしれないが、多くの医師が患者に関わっている。治療が高度化、複雑化する中、このような形のチーム医療は今後、より重要性を増す」と力説した。

緩和ケア

「体調が良くないと、気持ちも下がるよね。治療の心配事があればいつでもお話を伺いますよ」。新潟市西区の済生会新潟第二病院の一室。看護師の平沢和美さん（42）が、がんの外来治療に訪れた患者に優しく声を掛けた。

平沢さんは「緩和ケア認定看護師」の一人だ。患者の苦痛を和らげる「緩和ケア」は、かつては終末期のものというイメージが強かった。現在では、がんと診断された時から必要に応じて行われている。平沢さんは「緩和ケアという言葉に抵抗がある人はまだ多い」

としながらも、「治療前や治療中に関わるケースが増えてきている」と話す。

ケアの対象となるのは、体の痛みだけではない。告知や再発の不安といった精神面や、就労や金銭面をめぐる社会的な悩みなど幅広い。患者本人だけでなく家族も含まれる。

同病院では医師や看護師、医療ソーシャルワーカーら約10職種で「緩和ケアチーム」を結成。本人や主治医、現場のスタッフからの依頼に応じて解決法を探る。時には精神科医とも連携する。チームが関わった件数は、発足当初の２００８年度は16件だったが、13年度は64件となった。

外科部長で緩和ケアチームの坪野俊広医師（55）は「がんが治っても、つらさを抱える人がいる。全人的に対応するのが緩和ケアだ」と語る。

県医務薬事課によると、県内では、２０１５年２月時点で全てのがん診療連携拠点病院を含め、少なくとも30施設に緩和ケアチームがあるという。

また、通院で治療を受ける患者が多くなっているのを背景に、緩和ケアの外来を設ける病院も増えている。済生会第二病院では10年から週１回開設し、坪野医師が診察に当たっている。

一方、なかなか声を上げにくい患者もいる。国は拠点病院の新たな指定要件として、診断時から外来や病棟で「苦痛のスクリーニング」を実施することを盛り込んだ。

同病院でも外来のがん患者に「生活のしやすさに関する質問紙」に答えてもらっている。患者は気持ちのつらさを10段階で自己評価し、体調や日常生活の上での心配事チェック。希望に応じてスタッフが相談に乗る。

乳がんの抗がん剤治療のため通院している新潟市南区の女性（46）は「医療者に病気だけでなく、生活面まで気に掛けてもらえるのはありがたい」と口にした。

ダヴィンチ

近年、最先端医療として注目を集めているのが手術支援ロボット「ダヴィンチ」だ。米国で1990年代に開発され、国内では約190台（日本ロボット外科学会まとめ、2014年9月現在）が導入されている。県内では済生会三条病院（三条市）、新潟市民病院（新潟市中央区）、新潟大医歯学総合病院（同）の3カ所にあり、保険適用される前立腺がん手術で主に活用されている。

ダヴィンチは、手術台に覆いかぶさるように設置され、ロボットアームには内視鏡や、鉗子《かんし》など手術器具が取り付けられている。執刀医は、拡大された患部の3次元映像を見ながらコントローラーでアームを遠隔操作し、手術を進める。医師の繊細な指の動きが、体に挿入された手術器具の先で滑らかに再現される。

12年4月に、県内で最初に導入した済生会三条病院では、15年2月までの間にダヴィンチを使った131件の手術が行われた。同病院泌尿器科の渡辺竜助医長（51）は「人の手による内視鏡手術と比べ、操作にぶれがない」と、メリットを挙げる。

内視鏡手術は、開腹手術に比べて出血量が少なく体への負担が少ない半面、長さのある手術器具を体内に挿入して行うことなどから、熟練した技術が求められる。ダヴィンチのアームは人の手首より可動域が広く、より複雑で細かな動きが可能。手ぶれは補正される。縫合も患部周辺の神経や血管を傷つけることなく正確にできるため、前立腺がん手術の後遺症である尿失禁が起こるリスクを軽減できる。渡辺医長によると、退院時に尿漏れがない患者の割合は、従来の内視鏡手術の場合は1割に満たないが、ダヴィンチによる手術では5割に上るという。

同病院で手術を受けた新潟市東区の自営業男性（74）は「翌日には歩け、どこも痛くなかった。最初はロボット手術って何だろうと思ったが、満足している」と振り返った。

さらなる普及の鍵になるのが、保険適用の問題だ。ダヴィンチは米国では、前立腺がんのほか、骨盤内の狭い場所が対象となる子宮がん手術でも多く活用されている。県内でも既に、腎臓がんや胃がんなどの手術でダヴィンチが使われた例がある。ただ、腎臓、胃がんについては14年秋、費用の一部が保険適用される先進医療として承認されたが、自己負担は高額。渡辺医長は「適用範囲が広がれば、他のがん手術にも活躍の場が広がるだろう」とみている。

病診連携

新潟市西区の男性（67）の手元に、一冊のノートがある。男性は２０１３年12月、胃がんの手術を受けた。退院後、半年ごとに受診している市内のがん診療連携拠点病院と、日常的に様子を診てもらっている近所の医院。双方の医師による診療記録が細かく記されている。

がんの場合、手術など主な治療を終えた後、５年や10年と長期で経過観察したり、必要に応じて抗がん剤治療などをしたりする必要がある。

患者が日常生活を送りながら治療を続けていくため、病院とかかりつけ医が協力する「病診連携」が求められている。円滑な連携に向けて、拠点病院とかかりつけ医が、「地域連携クリティカルパス」と呼ばれる患者の診療計画をともに作成する。パスの内容を書き込む「医療連携ノート」は本県では11年、県がん診療連携協議会が中心となって導入された。肺、胃、肝臓、大腸、乳の5種類のがん向けがある。

導入の中心となった長岡中央綜合病院（長岡市）の富所隆副院長（61）は「2人に1人ががんになる時代。高度な治療は専門の病院、経過を診るのはかかりつけ医という役割分担がさらに重要となる」と説明する。

冒頭の男性は「自分の体のことをよく分かってくれている先生に診てもらえるから、安心」。男性のかかりつけ医である坂井輪診療所（新潟市西区）の安達哲夫医師（56）は「がん患者には、精神面で不安定になる人がいる。しっかり話を聞くのもかかりつけ医の役目です」と語る。

通院の負担が少なくなるメリットもある。約1年前に乳がんの手術をした南魚沼市の女性（67）は、市内の診療所でホルモン治療を始めている。これまで主な治療は長岡市の拠点病院で受けていた。「抗がん剤の副作用で体調が悪い時に長岡まで出掛けるのはきつい。

近くで診てもらえるのは助かる」と喜ぶ。

ただ、パスの利用者は現状ではまだ少ない。県がん診療連携協議会によると、パスの利用を始めたのは12年度は県内で401人、13年度は452人だった。手術した病院で治療を続けたいという患者の心情や、がん治療に詳しいかかりつけ医が身近にいないといった事情も要因にある。富所副院長は「治療をしながら安心して暮らしていくためには、患者の健康を広く診るかかりつけ医が重要。再発の早期発見にもつながる」と病診連携に期待する。

第七章　治療の現在

肺がん

がんで亡くなる人の数を部位別に見ると、県内では現在、肺がんが第1位だ。がんの中でも「治りにくい」というイメージが強いが、検査技術の向上や新薬の登場など、治療を取り巻く状況は変化している。「この10年ほどで大きく変わった。がんの中で最も進歩を遂げていると言ってもよいでしょう」。新潟大大学院・呼吸器内科学分野の各務《かがむ》博准教授(51)は力説する。

肺がんは気管支から肺胞にかけてできるがんを指す。年齢が上がれば上がるほどリスクは高まり、60、70代の患者が多い。初期の場合、自覚症状がなく、健康診断などで疑われることが多い。

肺がんの大きな特徴は、いくつかの種類に分けられることだ。たばこが主な原因となるのは、気管や気管支の壁を覆っている扁平《へんぺい》上皮がんと、小細胞がんの二つで、国内の患者の約4割を占める。一方、最近増えているのは肺の奥の細い気管支にできる腺がん。全体の約6割に上り、非喫煙者や女性にも目立つが、原因は解明されていない。

近年はがんかどうかを調べる精密検査の精度が向上。エックス線では見えない2センチ以下の小さながんを特定することができるようになった。その一つが、気管支鏡検査の技術の進歩だ。

検査では、口や鼻から内視鏡を入れ、がんが疑われる部分の組織を取る。その際、コンピューターが進行方向をナビゲーションしてくれる機器を導入している病院もある。「短時間で済むので患者の負担も減ります」と各務准教授。

治療法は、初期と呼ばれるステージ1、2では手術をするのが一般的。肺は五つの部分（肺葉）に分かれており、腫瘍だけではなく、がんがある肺葉を全て切除するのが標準治療となっている。

だが、新大では小さながんならば、一部分だけを切除する「縮小手術」も行っている。同大学院・呼吸循環外科学分野の土田正則教授（56）は「縮小手術は肺を無駄にせずに済むという利点がある。早期に適切な治療をすれば、肺がんは治るということを多くの人に知ってほしい」と語る。

また、がんを増やす特定の分子などをターゲットにする分子標的薬の登場など、化学療法の進歩も目覚ましい。腺がんの約半数の患者はこの薬が効くともいわれている。

乳がん

乳がんは、全国的に女性のがんの中で罹患《りかん》数、罹患率ともにトップだ。がんは母乳が流れる乳管に発生し、しこりとして見つかる場合が多い。血液やリンパの流れに沿って全身に転移しやすい特徴もある。県立がんセンター新潟病院長で乳腺外科の佐藤信昭医師(60)は「がん細胞が体内で広がる様子はタンポポの綿毛に例えられる。手術で腫瘍を取るのが治療の基本です」と説明する。

手術は主に、乳房の一部を切り取る温存術か、全て摘出する全摘かの二つの方法がある。温存術は乳頭や乳輪を残せるが、再発の可能性が全摘に比べて高い。全摘は乳房の喪失感は大きいが、再発の心配は少なくなる。

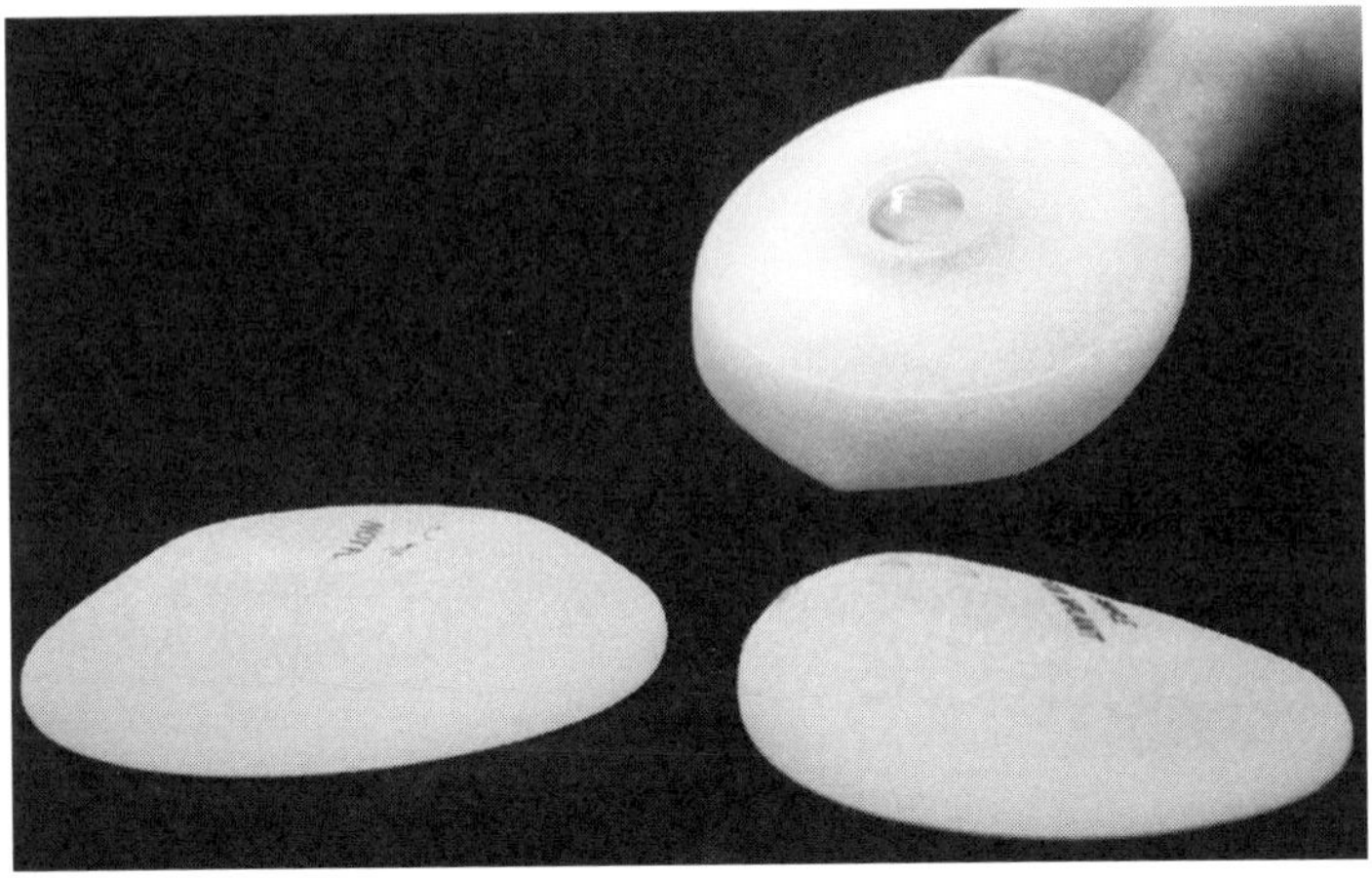

手前右がしずく形、左が丸形の人工乳房サンプル。再建手術では、上の皮膚拡張器も使う

新たな選択肢として注目されているのが、全摘後に手術で胸の膨らみを作る乳房再建術だ。自分の腹部の脂肪などを移植する方法もあるが健康な部分にメスを入れることになるため、シリコーン製の人工乳房の普及が進む。2013年夏に「丸形」、14年初めに「しずく形」の人工乳房が相次いで保険適用され、費用面の負担が軽くなった。

再建術はがん治療を担う乳腺外科と、乳房の形を整える形成外科の連携が必要だ。学会が認定する県内の実施施設は、同病院や長岡赤十字、県立中央など7施設（15年9月時点）。身体へのダメージを考慮し、病巣の摘出と同時に再建術を行うこともある。

がんセンターで乳がん手術を受ける患者は

年間約３００人。かつては温存術が６割、全摘は４割だったが、選択肢の広がりを受け、割合は五分五分になりつつある。「再建術は、がんの根治性と見た目の良さの両方をかなえる選択肢。患者の希望を聞き、最適な方法を探りたい」と佐藤院長は話す。

手術と共に、化学療法や放射線治療を組み合わせることも多い。近年、効果を上げるのは、がん細胞をタイプ分類して行う薬物療法だ。女性ホルモンで増殖するタイプは、薬でホルモンを抑える「ホルモン療法」が中心になる。また、がん細胞を増殖させる「ＨＥＲ２《ハーツー》タンパク」が陽性の場合、副作用が少なく効き目も高い薬が開発されている。

「こうした療法と手術の進歩により、早期なら生存率が高く、その後の経過も比較的良くなっている」と佐藤院長。「早期発見には自己触診が大切で、毎月日を決め、乳房にしこりや皮膚のひきつれがないか調べる習慣を付けてほしい」と呼び掛ける。

大腸がん

大腸がんは近年、増加が目立つ。部位別死亡者数の全国統計では女性が１位、男性は３位。患者増加の背景には、肉類などを多く摂取する食生活の欧米化があると指摘されている。ただ、早期に発見し、がんを取り切ることができれば治る確率の高いがんでもある。新潟市民病院の消化器外科部長、山崎俊幸医師（50）は「他のがんに比べて悪性度が低く、比較的助かる可能性が高い」と言う。

大腸がんは、大きく「結腸がん」と「直腸がん」に分けられ、その比率は6対4となっている。初期には自覚症状がほとんどなく、血便や便が細くなる、腹痛といった異常が出たころには進行している可能性も少なくない。

治療はがんの部位や進行度で決まる。早期には肛門から内視鏡を入れて病変を切除する方法がある。

治療は外科手術が基本だ。最近では開腹手術ではなく、腹部に穴を開けてカメラや器具を挿入し、モニターで見ながら手術する腹腔《ふくくう》鏡手術が普及している。市民

直腸・肛門の構造

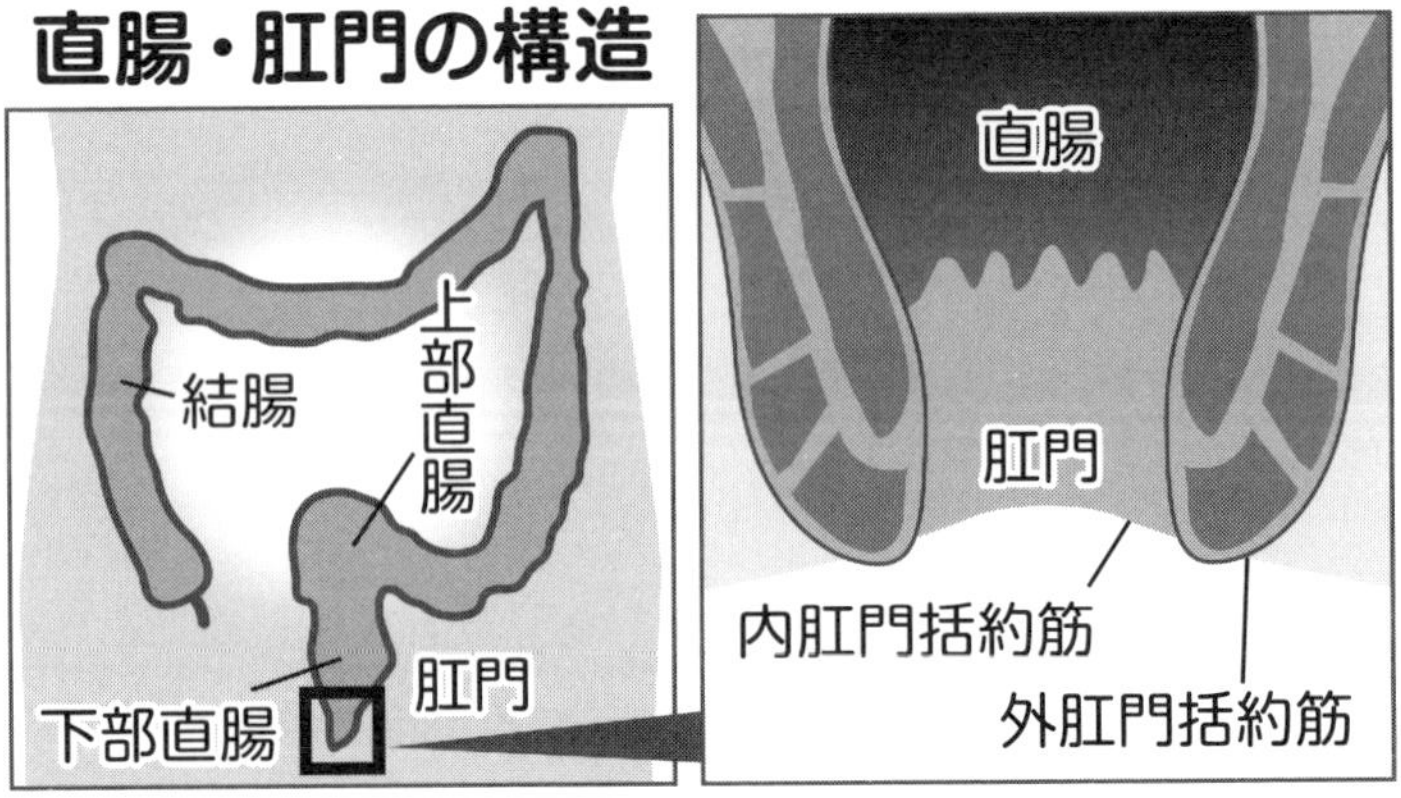

病院では年間約200例の大腸がん手術のうち、腹腔鏡が約8割を占める。山崎医師は「患者への負担が圧倒的に少ない」と説明する。

直腸がんの手術で患者が心配するのが、肛門を残せるかということだ。特に肛門に近い下部直腸にがんができると、肛門も切除し、腹部に人工肛門（ストーマ）を設けなければならない場合がある。市民病院では、進行がんは肛門出口から4センチ離れていること、早期がんなら3センチが温存できる目安という。

近年、肛門付近にできたがんでも肛門を温存できる「括約筋《かつやくきん》間直腸切除術」という最新の手術も行われるようになってきた。排便に関わる肛門括約筋には、自分の意思と関係なく動く内肛門括約筋と、意識的に動かせる外肛門括約筋がある。そのうち内肛門括約筋だけを切って、ある程度の排便機能を維持させる方法だ。

また、直腸は骨盤の深くにあり、周囲には排便や排尿、性機能に関係する神経も密集する。より緻密な技術が求められる直腸がんでは、先端医療である手術支援ロボット「ダヴィンチ」が有効で、市民病院でも活用している。

増加する大腸がんだが、早期では部位にかかわらず、5年生存率が90％以上となっている。山崎医師は「検便は簡単な方法であり、ぜひ検診を受けてほしい」と話している。

肝がん

肝がんは、B、C型肝炎ウイルスへの感染による炎症が主な原因とされてきた。しかし、最近は生活習慣病などが影響し、ウイルスが関わらない症例が増えている。

こうした非ウイルス性の多くは、肝臓に脂肪が蓄積する脂肪肝から炎症が発生し、がんに進行したと考えられる。新潟大大学院消化器内科学分野の調査によると、1992～99年は非ウイルス性の患者は約11%だったが、2007～13年は約32%に増えた。ウイルスの排除に効果的な薬が開発され、ウイルス性は減少している。

同分野の寺井崇二教授(49)は発症原因の変化について「食事の欧米化で脂肪分の摂取が増えたことが背景にある。今後は、内臓に脂肪の多いメタボリック症候群の人の予防対策が求められる。運動や食事で適正体重を維持することが重要だ」と警鐘を鳴らす。

糖尿病患者も注意が必要だ。肝臓は糖を脂肪などに変えて蓄える役割があるので脂肪肝になりやすい。糖尿病患者の死因の1位はがんで、部位別では肝がんの割合が最も高い。また過剰なアルコール摂取も発がんリスクになる。

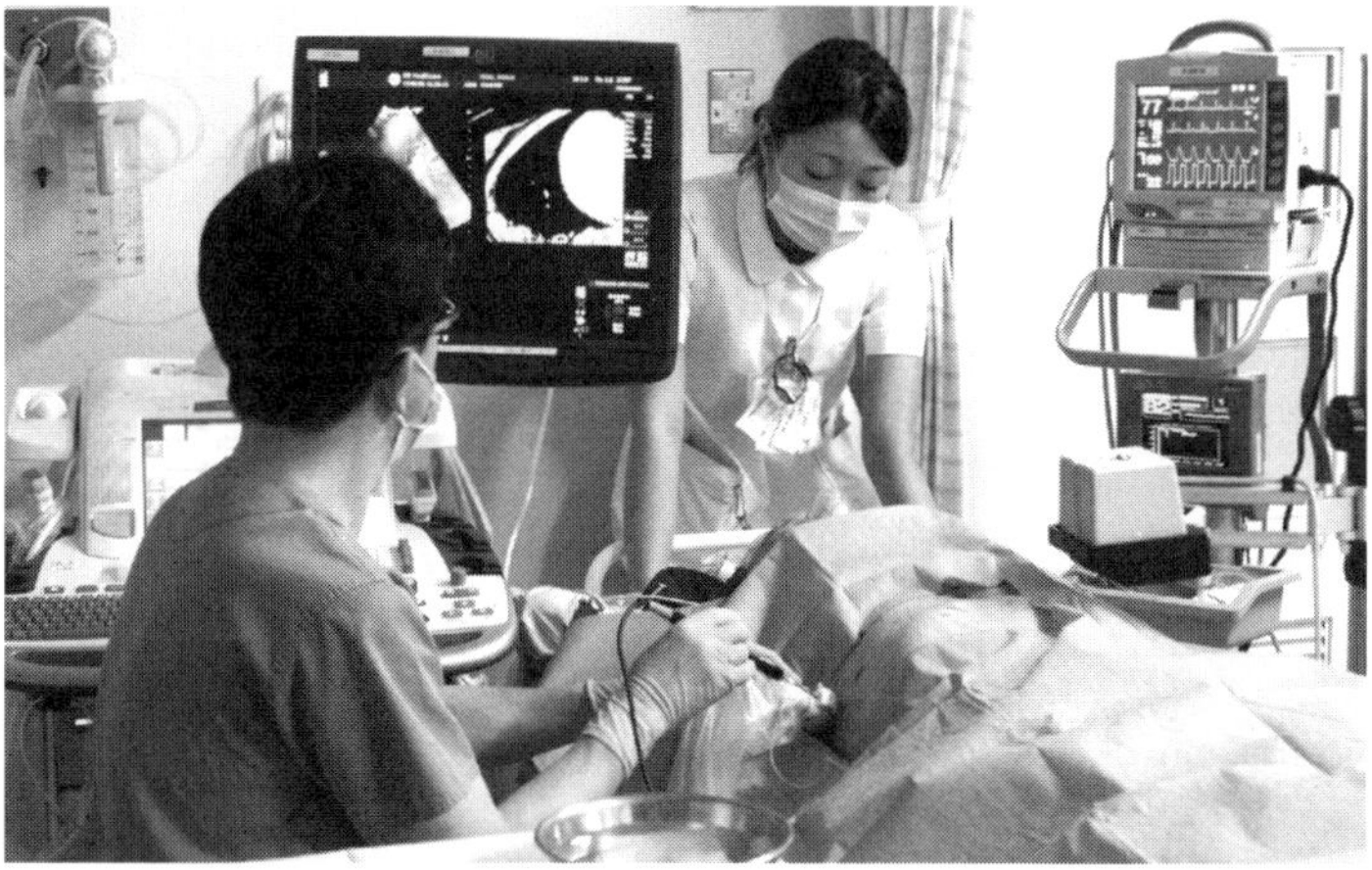

超音波画像や脳波、患部の温度を確認しながら行うラジオ波焼灼術。この症例では1時間足らずで、約3センチの腫瘍2個を焼き切った＝新潟市西区の済生会新潟第二病院

「沈黙の臓器」といわれる肝臓では、がんは自覚症状なく進行。肝機能が損なわれると黄だんや腹水、脳症といった症状が現れる。

治療は、外科手術で病巣を取り除く肝切除が最も確実とされてきたが、「切らない治療」として注目を集めるのがラジオ波焼灼《しょうしゃく》術だ。

超音波画像を確認しながら患部に電極針を入れ、AMラジオと同じ周波数の電流を通し、熱で腫瘍を焼き切る。04年に保険適用された。

この治療を02年に導入し、実施件数は年間約200件と全国でもトップ級の実績があるのが済生会新潟第二病院だ。担当する消化器内科部長の石川達医師（52）は「画像の解析技術も上がって安全性も高まり、肝切除と変わらない成果が認められつつある」と語る。このほか県内では、新潟大医歯学総合や長岡赤十字、県立中央などのがん診療連携拠点病院を中心に実施が広がる。

一方、肝がんは再発率が高く、治療しても1年以内に新たな腫瘍ができる確率は20～30％とされる。開腹しないラジオ波焼灼なら、体に負担をかけず繰り返し治療することが可能で、高齢者にも適しているという。石川医師は「技術継承にも力を入れ、患者の希望に応えたい」と話す。

胃がん

本県など日本海側の地域は昔から、胃がんの発症が多いことがいわれてきた。現在もその傾向は変わらないものの、若年層を中心に胃がんの罹患《りかん》率や死亡率は次第に低下している。背景には、胃がんを引き起こすヘリコバクター・ピロリ（ピロリ菌）の感染者や、塩分摂取量の減少などが挙げられている。

「胃がんは早期に発見できれば、体に負担の少ない治療で確実に治せる病気です」。魚沼基幹病院診療部長の小林正明医師（51）はこう強調する。がんは胃の内側表面の粘膜に発生し、進行するとその下の粘膜下層などに浸潤していく。胃の中部から下部にがんができる場合が多く、約7割を占める。「胃もたれなどの症状が出る人もいるが、進行しても無症状のことも少なくない」と小林医師。

胃がんの細胞は「分化型」と「未分化型」のタイプに分けられる。さまざまな形の細胞がバラバラに育つ未分化型は発見しにくく進行も早い。スキルス性がんなどがあり、若い女性にもよくみられる。

一方、ごく早期であり、胃粘膜の細胞に似た構造で固まりをつくる「分化型」のがんでは、喉から内視鏡を入れ、切除する治療が一般的になっている。

胃がんの内視鏡的粘膜下層剥離術（ESD）

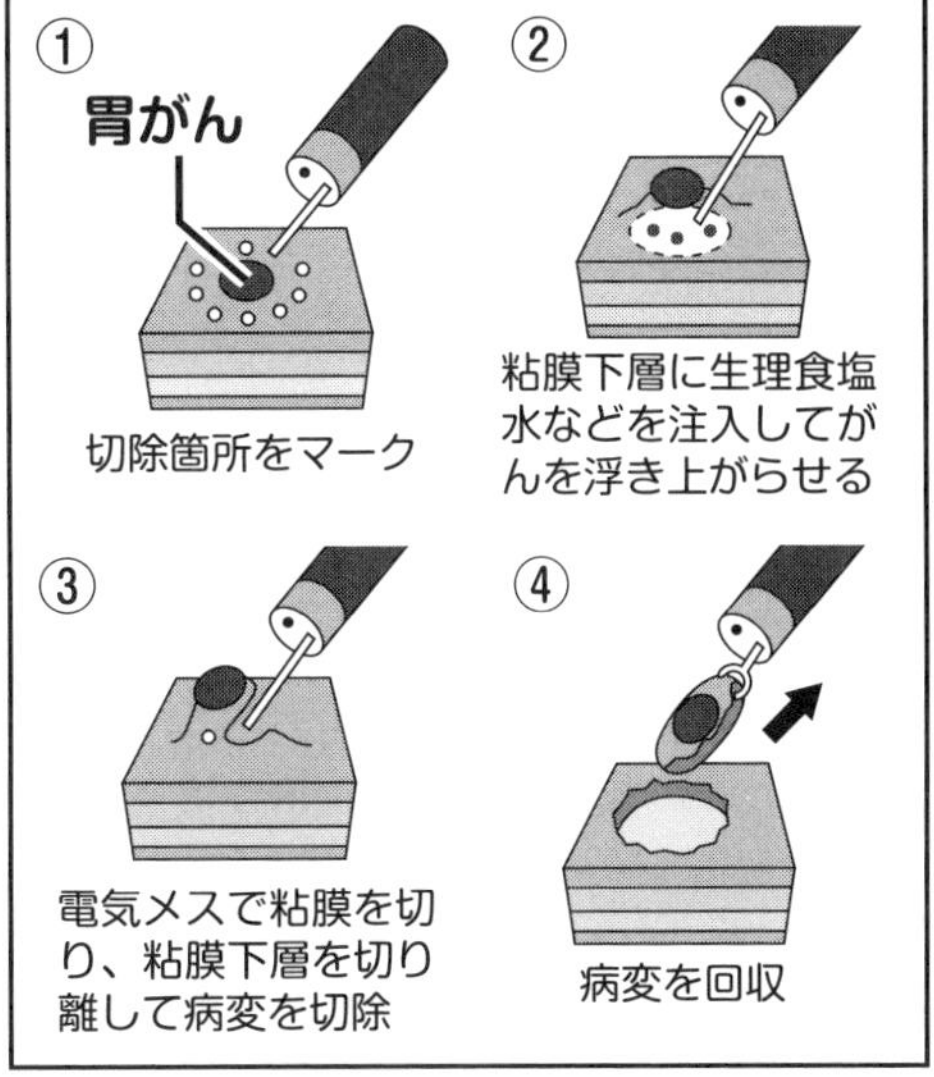

内視鏡治療では以前は、輪状のワイヤで腫瘍部分を引っ掛けて焼き切る「粘膜切除術（E

ＭＲ）」が多かったが、最近では特殊な電気メスを入れて周囲を切開する「粘膜下層剥離《はくり》術（ＥＳＤ）」が主流となっている。ＥＭＲでは直径２センチほどの範囲が限界だが、ＥＳＤではそれ以上でも対応できる。取り残しの恐れも少ないという。

胃がんの外科的治療について、南部郷総合病院長の梨本篤医師（66）は「開腹手術が一般的だが、早期がんの段階などであれば、腹腔《ふくくう》鏡手術も選択肢となる」と話す。

開腹手術の標準治療は、胃の中部～下部のがんなら胃の３分の２切除と周りのリンパ節などを取り、上部のがんであれば、胃全摘だ。ただ手術後は胃がなくなったり小さくなったりすることで、食べ物が腸へと一気に流れ込み、めまいや低血糖といった症状が出る「ダンピング症候群」などの後遺症に悩まされることもある。

このため、早期がんでは、幽門《ゆうもん》部（胃の出口）を残す「縮小手術」の方法が取られることもある。梨本医師は「近年は、手術後の生活を考慮した外科的治療に力が入れられるようになっている」と説明する。

皮膚がん

皮膚がんは、患者数の少ない「希少がん」の一つで、がん全体の2～3%程度にとどまる。長期間にわたって紫外線に当たることがリスクとして指摘されており、高齢化なども背景に患者数や死亡数が増加している。ほくろやシミとの鑑別が難しく、悪性腫瘍だと思わずに発見が遅れることも多い。

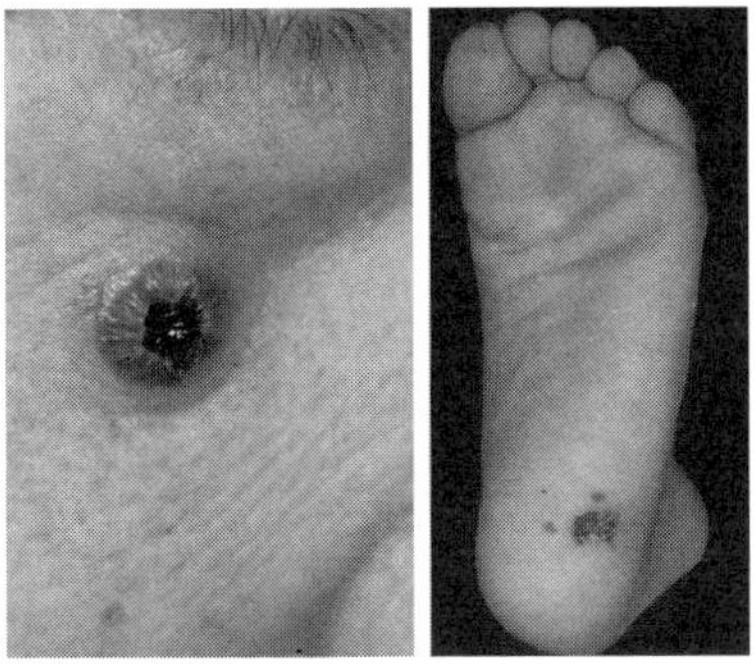
（左）は最も症例数の多い基底細胞がん。（右）は足裏にできたメラノーマ

県立がんセンター新潟病院皮膚科部長の竹之内辰也医師（51）は「色白で日光に当たると赤くなり、その後黒くならない人は特に注意が必要。治りにくい皮膚の異常があれば、受診してほしい」と語る。

皮膚は体表から「表皮」「真皮」「皮下組織」の構造になっている。皮膚がんは10種類ほどに分類されるが、そのうち3割近くを占めるのが表皮から発生する「基底細胞がん」だ。特に顔面に多くみられ、黒いおできから始まり、表面が崩れて潰瘍になる。次いで多い「有棘細胞《ゆうきょく》がん」はイボのようなしこりが大きくなるもので、やけどや傷の痕から発生することもある。

基底細胞がんの転移は極めてまれだが、ほかの皮膚がんは深く広がると、近くのリンパ節に転移し、さらに肺や肝臓などに遠隔転移する。

治療は手術が基本だが、難しい場合は化学療法や放射線治療を行う。

新たな治療法が注目されているのが、皮膚の色素を作るメラニン細胞ががん化するメラノーマ（悪性黒色腫）だ。足の裏や爪などによくみられ、いびつな形をしており、大きさや色調が変化するといった特徴がある。メラノーマは10万人に1～1・5人と発症はまれだが、遠隔転移がある場合の5年生存率は10％程度。悪性度が極めて高いがんとして知られていた。

しかし、がん細胞に対する免疫機能を高める免疫療法薬が承認され、県内でもがんセンターなどで進行がんの治療に使われている。

さらにメラノーマに特徴的な遺伝子の働きを抑える分子標的薬も登場した。免疫療法薬はゆっくりと効果が出るが長期間持続する。これに対し、分子標的薬は即効性はあるものの、耐性ができやすい。「こうした特徴を生かし、使い分けがうまくできれば、遠隔転移した進行がんでも長期生存が期待できる」と竹之内医師。

一方、免疫療法薬では肺炎や腸炎など、分子標的薬では薬疹といった副作用がみられ、重症例の報告もある。「医師の指導の下での慎重な使用が必要だ」と竹之内医師は話す。

前立腺がん

男性特有のがんが、前立腺がんだ。前立腺はぼうこうの下にあるクルミ大の器官で、尿道を取り囲んでいる。そのため、がんになると頻尿や残尿感といった自覚症状が現れやすい。ただ、前立腺肥大症でも同じ症状がみられるため注意が要る。

「基本的に前立腺の外側にできるのががん、内側にできるのが肥大症で、二つは異なる病気。肥大症は腫瘍が良性で、転移しません」。新潟労災病院（上越市）の副院長で、泌尿器科部長の小池宏医師（61）はこう説明する。

近年、患者が急増しており、全てのがんの中で最も増加率が大きい。県公表の2012年分の統計では罹患《りかん》数でみると男性の3位となっている。欧米では昔から患者が多かったが、日本でも増えている理由として、動物性の脂肪をよく取るといった食生活の変化が指摘されている。また、家系的になりやすい人がいることが判明しており、近親者に前立腺がんになった人がいたら、早めに検査を受けることが大事だ。

検査は血液検査の項目の一つ、PSAという腫瘍マーカーで行う。前立腺から出ているタンパク質を測るもので、がんだと数値が上がる。発見の精度が高く、治療を施した際、効果が出ているかどうかを確かめやすい利点もある。

前立腺がんは、他のがんに比べて、比較的ゆっくりと進行するのが特徴だ。治療は基本的に、初期であれば根治を目指した全摘手術や放射線治療、進行していればホルモン療法を行う。

手術は3時間程度かかり、同病院では毎年20件前後の全摘手術を手掛けている。しかし、初期であれば誰でも可能というわけではない。「進行が遅い上、手術を受けるのは体力を要する。うちの病院の場合、70歳以下であることが手術をする目安となります」と小池医師。

根治を期待できる全摘手術だが、デメリットもある。勃起不全になったり、射精ができなくなったりといった性生活に関することのほか、尿漏れもしやすい。前立腺のすぐそばを通っている勃起神経を温存する手術もあるが、がん細胞が残りやすいため、再発率が高まるといわれている。

ホルモン療法は、がんの成長・増殖に男性ホルモンが大きく関与するために行われる。注射や飲み薬などがあり、体への負担が少ないのが特徴だ。

前立腺がんは、年齢が上がるほどなりやすくなる「高齢者がん」でもある。小池医師は「50代になるとリスクが高まる。早期に発見すれば根治を期待できるので、定期的に検査を受けてほしい」と呼び掛けている。

血液がん

血液がんは、血液に関係する細胞が遺伝子や染色体異常でがん化し、増殖する疾患だ。さまざまな種類があるが、白血病、悪性リンパ腫、多発性骨髄腫が大半を占め、「三大血液がん」と呼ばれる。腫瘍を手術で切除する他のがんと異なり、治療はいずれも抗がん剤が中心だ。近年は効果が高い薬が次々に開発され、生存率向上にもつながっている。

血液がんの中で、飛躍的に治療成績が上がっているのが慢性骨髄性白血病だ。白血病は、骨髄や血液中に異常な白血病細胞が増える病気。慢性期は自覚症状がなく、血液検査で発見されることもある。慢性期から5～6年で急性期に転じ、感染や出血を起こしやすくなる。

かつては治療法といえば骨髄移植を指したが、2001年に経口薬「グリベック（薬名イマチニブ）」が登場した。病気の原因である異常なタンパクをターゲットにして、その働きを抑える分子標的薬で、臨床試験では5年生存率は約9割に達した。

「薬の効果はとても良かったが、飲み続けなければならないという問題もあった。だが最新の臨床研究で内服をやめても再発しない人がいることが報告されている。今後の研究を注視したい」。長岡赤十字病院・血液内科部長の古川達雄医師（58）は期待を込める。

三大血液がんで患者が最も多い悪性リンパ腫は、ウイルスや細菌の侵入を防ぐリンパ球ががん化して増殖し、全身に散らばる。首や足の付け根などのリンパ節が腫れることもある。

病態によって数十種に分類され、発症年齢層も広いが、多くで01年に販売が始まった分子標的薬「リツキサン（薬名リツキシマブ）」が有効。放射線治療や他の抗がん剤も加えるなどし、半数以上が快方に向かうという。

多発性骨髄腫は加齢が発症リスクを高めるとされ、70～80代に多い。高齢化を背景に患者の増加が見込まれている。がん化した骨髄腫細胞の影響で骨がもろくなり、腰痛や骨折が起こる。治療は化学療法と共に、薬などで骨の症状を抑える。「腰痛と貧血のある高齢者が検査をして分かる事例も目立つ。心配な人は内科を受診してほしい」と古川医師。

日本血液学会の造血器腫瘍診療ガイドラインによると、血液がん全体の治療には約60薬剤が使われ、投与する薬の組み合わせによって78療法が示されている。古川医師は「多くの選択肢があることで、1種類の薬が合わなくても希望を捨てず治療ができる。新薬も開発され、治療は日々発展している」と語る。

子宮頸がん

子宮がんは入り口の「子宮頸《けい》部」と、胎児が育つ「子宮体部」にできるがんがある。このうち子宮頸がんの大半は、性交渉による「ヒトパピローマウイルス（HPV）」の感染が原因とされている。発症年齢のピークが次第に下がってきており、20～30代の若い世代の患者が増加。新潟大大学院産婦人科の榎本隆之教授（59）は「性交渉の経験があれば、誰でもかかる可能性がある。晩婚化もあって出産年齢と発症ピークが重なっている」と語る。

HPVは100種類以上あり、がんのリスクが高いのは中でも15種類程度。HPVには女性の8割が一生に一度は感染するが、多くは感染しても自然に排除される。しかし感染が続くと発症につながる。

子宮頸がんは、検診でがんになる前の異型細胞（異形成）の状態で見つけることができる。異形成があっても全てががんになるわけではないが、がん化して「上皮内がん」（0期）に進むと自然治癒は見込めず、やがて上皮から下の組織へ入り込んだ「浸潤がん」になる。榎本教授は「初期のうちは症状がなく、性交時の出血など自覚症状が出た時には浸潤がんになっている可能性がある。だからこそ、定期的な検診が重要です」と強調する。

治療は上皮内がんの段階であれば、膣《ちつ》から患部だけを円錐《えんすい》形に切除する「円錐切除術」が一般的だ。子宮体部が残り、将来の妊娠や出産が可能だ。入院も数日

子宮頸がんの円錐切除術

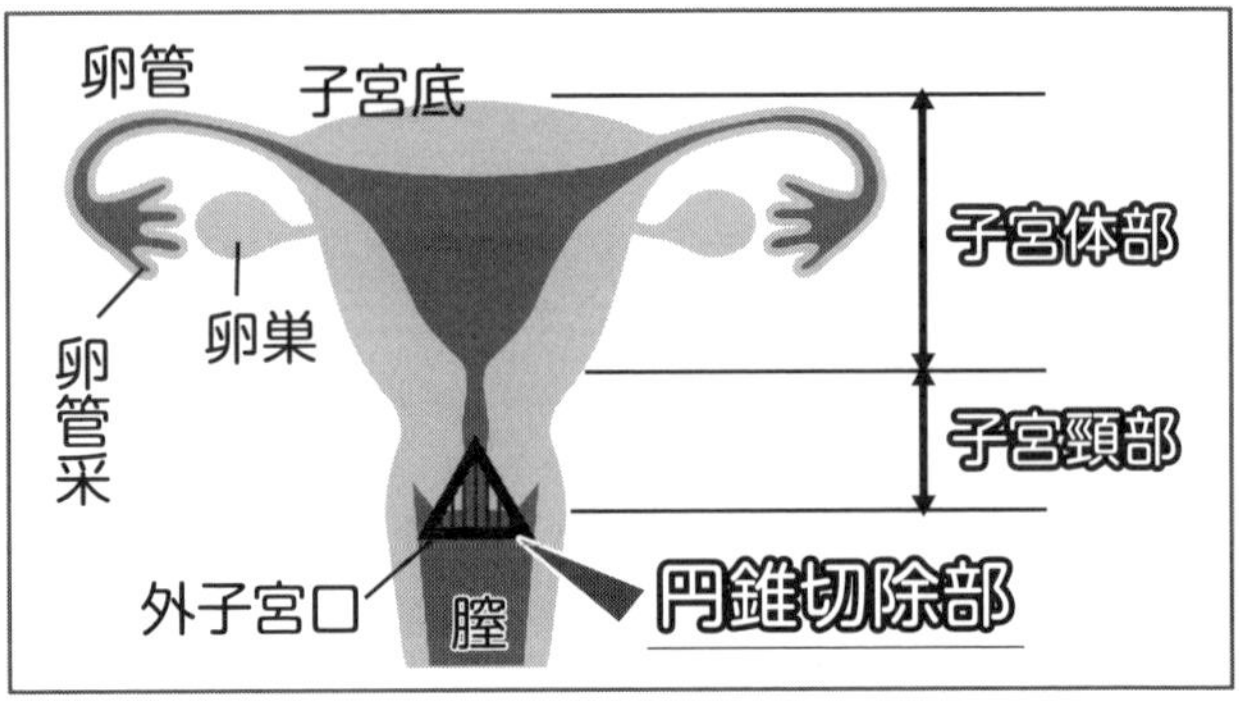

で済む。だが、浸潤が始まると、原則として子宮全摘、もしくは放射線治療が必要となる。若い世代の患者増加を背景に近年、浸潤がんでも子宮を温存して妊娠や出産の可能性を残す治療が注目されている。

新潟大では、患者が将来的な妊娠を強く希望し、腫瘍の直径が2センチ以下で子宮頸部にとどまるケースでは、頸部とリンパ節などを切除し、膣と子宮体部をつなぐ手術を手掛けている。

妊娠に伴い、がんが判明する人も少なくない。榎本教授は妊娠早期にがんが見つかったケースで、胎児を子宮体部に残して頸部だけを摘出する手術にも取り組んでいる。

一方、子宮体がんは閉経前後の年代で発症が増加している。女性ホルモンの関与が指摘されており、出産経験がないことや肥満、糖尿病などがリスクとして挙げられている。榎本教授は「不正出血などがあったら、医療機関を受診してほしい」と強調する。

膵臓がん

膵臓《すいぞう》がんは発見された時には症状が進んでいることが多く、手ごわいがんだ。

がんの部位別で見ると、死亡者数は本県では膵臓がんが4番目、罹患率《りかん》では8番目だ。「初期の自覚症状がほとんどない上に、他のがんと比べると進行がとても早いのが特徴です」。県立中央病院（上越市）の外科部長、青野高志医師（53）は説明する。

膵臓は胃の裏側にあり、長さは15～20センチ、厚さは約2センチ。消化に必要な膵液を十二指腸に送ったり、血中のブドウ糖を正常値に保つためのインスリンなどを分泌している。

他の臓器に囲まれた奥まった部分にあるため、超音波（エコー）検査を受けても見えにくく、発見できないことが少なくない。「別の病気の精密検査をした結果、偶然に膵臓がんが見つかるケースが多い」と青野医師。県の2011年分の集計によると、約25％が「他疾患の経過観察中」に膵臓がんが発見されている。

がんが進行すると、背中の痛みが現れたり体重が減少したりといった自覚症状が現れるが、初期にははっきりとした症状がなく気付くことが難しい。

そんな中、早期発見につなげる一つの指標となるのが血糖値だ。膵臓はインスリンを作り出す器官のため、糖尿病の人が急に症状が悪化したり、健康な人であっても数値が急上昇したりした場合、がんを疑ってみた方がよいという。

治療はステージによって手術、放射線、化学療法を組み合わせる。膵臓がんの約6割は十二指腸に接する「膵頭部《すいとう》」にできる。この場合、手術は胃や十二指腸の一部も含めた「膵頭十二指腸切除術」を行う。切除の対象となる臓器が多岐にわたることから、6~8時間の大手術となる。その後、再発を防ぐために化学療法を行うのが一般的だ。

化学療法の分野では2000年代に入り、膵臓がんへの効果が大きいとされる薬が登場した。その一つ「ゲムシタビン」はがんを小さくするだけでなく、痛みを緩和する効果もある。またここ数年、諸外国で新薬の研究結果が相次いで発表されており、今後の開発に期待が寄せられている。

「膵臓がんは見つかりづらいからと思い込まずに、健診などを通じて自身の体の異変に耳を澄ませることが大事」と青野医師は呼び掛ける。

第八章　「国民病」を減らせ

国民の2人に1人が生涯のうちにかかるといわれるがんは、もはや「国民病」といえる。国はがんで亡くなる人を減らすため、「がん検診の受診率50％達成」を大きな目標に掲げ、早期発見に力を注いでいる。予防についても重要視している。県内自治体や企業のさまざまな取り組みを紹介する。

自治体検診

新潟市中央区の鳥屋野総合体育館。X線の撮影ができる巡回検診車の周りに、年配の人を中心とした列ができていた。新潟市による胃と肺の集団検診の日だ。自営業の50代男性は「いつがんになるか分からない。健康は自分で管理しないといけないので」と受診の理由を話した。

がんは医療の発達で、早期発見すれば治る確率が高くなっている。ただ、自覚症状がないまま進行してしまうことも多い。新潟大大学院の加藤公則特任教授（52）＝健診・人間ドック学＝は「がんは早く見つかれば怖くない。患者の負担や医療費も少なくて済む。検診の意義は大きい」と指摘する。

いかにして住民にがん検診を受けてもらうか―。各自治体共通の課題だが、受診率は伸び悩んでいる。「意識の高い人は毎年受診するが、一度も受けていない住民は多い。この層をどう取り込んでいくかが悩ましい」と新潟市健康増進課。

同市が２０１４年度に実施したアンケート調査では「がん検診を受けなかった理由は」の問いに対し、「面倒」「時間がない」といった回答が上位に並んだ。「受けようと思えばいつでも受けられる」と、ついつい後回しにする人も目立つ。こうしたことから、住民が気軽に受診できる機会を増やそうと、県内の各自治体では午後に受診できる日を設けたり、会場を増やしたりと工夫。検診を予約したのに受けなかった人に保健師が連絡するなど、きめ細かく対応をしているところもある。

とはいえ強制力はなく、受診は本人の意思に委ねられている。同市保健所の岸洋志副参事（59）は「受診率向上の特効薬はない。地道な取り組みを積み重ねていくしかない」とこぼす。

さらに、「がん受診率」と一口に言っても、さまざまなデータが混在する。13年度の受診率は県全体で胃19・9%、肺28・5%、大腸25・2%、子宮（頸部）23・1%、乳25・1%とされている。これは各市町村が県に上げた数値を平均したものだが、対象とする母数は各市町村でまちまち。市町村間で正確な比較をする場合は国の算定式が使われるが、この場合は40歳以上の推計人口からサラリーマンなどの就業者を除いて計算している。一方、国の「5割達成」の目標はサンプル調査の国民生活基礎調査を基にしている。自治体の担当者からは「実数を把握しづらく、なかなか有効な施策を打てない」といった声が上がる。

加藤特任教授は「（内臓脂肪を検査する）特定健診は08年度から法で義務付けられた。これだけがん患者が増えている中、がん検診も法によってきちんと定めた方がいいのではないか」と話す。

企業の協力

「その少し前から体調があまりよくなかったが、多忙を理由にそのままにしていた。

つくづく、健康診断のありがたみを感じました」。佐渡市の介護福祉士の女性（61）は2013年、毎年受けていた職場の健康診断がきっかけで、腹膜がんが見つかった。手術を受け、今では抗がん剤治療も終了した。経過は良好だ。

がん検診を受けることがより重要になるのは、リスクが高まる40、50代だ。仕事が忙しいとして、自身の健康を後回しにする人も多い。そんな中、会社を挙げて社員の受診に取り組んでいる企業がある。

新潟市東区の「旭カーボン」。タイヤなどの素材を製造する企業で、社員は約180人。がん検診は基本的に40歳以上の社員を対象としており、受診率はほぼ100％だ。胃や大腸、乳がんなどの5大がんのほか、男性に近年増えている前立腺がんも実施。再検査が必要になった場合も含めて、費用は会社側が全額負担している。

「社員は大事な〝人財〟。もしがんになっても早めに見つけて治療できれば、本人はもちろん、会社としても大きな損失を防ぐことができる」と長沢孝・総務労務課長（47）は力説する。20年以上前に始めた取り組みで、社内報で啓発に努めたり、保健師が個別に呼び掛けたりしている。幸い、この10年間でがんが見つかった社員はいないという。

厚生労働省では、現役世代の受診率向上には企業側の協力が必要だとして、09年から「が

「がん対策推進企業アクション」のポスターが張られた旭カーボンの健康管理室。検診の結果を踏まえ、保健師と社員が１対１で相談できる＝新潟市東区

ん対策推進企業アクション」を展開している。国の目標である「受診率50％」を達成するために、従業員にがん検診を受けるように促すキャンペーンだ。参加企業・団体は15年6月現在１６５０。このうち県内は旭カーボンをはじめとする28の企業・団体が取り組んでいる。

労働安全衛生法に基づき、企業は毎年、社員に健康診断を受けさせる義務がある。ただ、大腸がんや胃がんの検査も実施するかどうかはオプションとなり、実施は各企業の判断に委ねられている。県内の中小企業が加盟する医療保険者の「協会けんぽ新潟支部」では、大腸や胃がん検診を含む「生活習慣病予防健診」の補助を行っている。対象となる会社員の受診は約62％。県内の医療関係者は「昨今の経済情勢で、そこまでの福利厚生に力を入れられない企業も多い」とみている。

さらに、労働衛生コンサルタントの鈴木美和さん（42）＝新潟市中央区＝は「企業ごとに健康診断の内容は違っているが、どこでも同じ内容と思っている社員は多い」と指摘する。「健康診断でがん検診を受けることができなければ、市町村が実施している検診を受けるなど、自分の健康を守るために知識を身に付けることも必要になる」と話す。

ピロリ菌

がんの中には、ウイルスや細菌の感染が発症と深く関わっているものがある。罹患《りかん》数が県内で最も多い胃がんは近年、ヘリコバクター・ピロリ（ピロリ菌）の感染が原因であることが分かってきた。胃がんの早期発見や予防につなげようと、ピロリ菌の有無などを調べる検査を導入する県内自治体が増えつつある。

長岡市は2014年5月、血液検査で感染の有無と胃粘膜の萎縮状況を調べる「胃がんリスク検診（ABC検診）」の助成制度を始めた。対象は40歳～70歳で5歳刻み。市内では年間200人近くが胃がんで亡くなる。新検診の働き掛けをした長岡中央綜合病院の富所隆副院長（61）は「早く見つかればほぼ治るのに、検診を受けておらずに来院した時はもう手遅れ。そんなことはもうたくさんだった」と語る。

富所副院長によると、日本人に多いタイプの胃がんは9割を超す高い確率でピロリ菌感染が関与している。上下水道の未整備など、かつては衛生状態が良くなかったため、高齢者ほど感染率が高い。幼少期に感染し、胃の中にすみ続ける。感染によって胃に炎症が起き、年月を経て粘膜が萎縮すると「慢性萎縮性胃炎」になる。さらに過剰な塩分や喫煙などの要因が加わり、病気を引き起こすといわれる。

検診はA～Eの5グループで評価する。感染も粘膜の萎縮もない「A群」以外であれば内視鏡検査を勧め、服薬による除菌などにつなぐ。14年度は5454人が受診。その後の内視鏡検査でがんが発見されたのは22人いた。

燕市でも、国民健康保険加入者のうち、40～70歳の5歳刻みを対象に特定健診（メタボ健診）と同時に、検査を実施している。市によると、14年度は468人中4人にがんが見つかった。その一人、自営業の女性（65）は「エックス線や内視鏡検査はどうしても嫌でずっと受けていなかった。自覚症状はなかったが、特定健診のついでに受けて良かった」と振り返る。

将来、がんになる可能性を低くしようと、若年層を対象に感染の有無を調べる無料検査を行っているのが糸魚川市だ。「ピロリ菌への若いうちからの対策と、口移しなどによる子どもへの感染も防ぎたい」と担当者。

これらピロリ菌の検査については「萎縮性胃炎の完治は時間がかかり、除菌しても、がんになることはある」といった医師の指摘もある。

ただ、長岡市の場合では、エックス線の検診率は13年度9・8％と県内で最低レベルだったが、ABC検診は14年度に対象者の20・7％が受診。以前、胃の検診を受けたことがなかったという人も4割おり、受診者の掘り起こしには確実に結びついている格好だ。

減塩運動

「豚しゃぶのショウガじょう油　塩分2・5グラム」「卵中華炒め　塩分2・1グラム」──。多くの従業員が利用するアルプス電気長岡工場（長岡市）の社員食堂。昼食時、入り口に表示された各品の塩分とカロリーを参考にしながら選ぶ姿が目立つ。

同工場の佐藤忠満さん（56）は「単身赴任中で塩分を制御するのが難しい。社食は必ず健康を考えて選んでいる」と話した。

本県は昔から、胃がんの発症が多いことが指摘されてきた。国立がん研究センターによると、2013年の年齢調整死亡率（人口の高齢化の影響を取り除いた数値）は全国5番目の高さ。原因の一つとされるのが塩分の取りすぎだ。高濃度の塩分で胃の粘膜が荒れ、発がん物質の影響を受けやすくなり、ピロリ菌感染者は炎症が進んで発症リスクを高める。

県では、09年度から10年間で県民1日当たりの食塩摂取量を2グラム減らすことを目標に、「にいがた減塩ルネサンス運動」を展開。各事業所や食品業者などと塩分を抑えた健康食の普及を進めてきた。

アルプス電気長岡工場も09年度と10年度に運動のモデル事業所になったのを機に、減塩食を取り入れた。調理側は塩分を控える分、香辛料やだしを利かせ、素材のうま味を生かすよう工夫。従業員の健康意識も高まり、モデル事業所終了後のアンケートで半数以上が減塩食の継続を希望した。11年からは昼の定食の1、2種類を塩分2～3グラム程度に抑えて提供。1滴ずつ出る減塩しょうゆ差しも全卓に配置、取り放題だった漬物もなくした。

同工場の佐野道代保健師（51）は「食生活の改善が意識され、社食が健康管理に結び付

関連会社も含め約７００人が昼食を取る社員食堂。塩分控えめの定食を選んだ男性従業員は「おいしくてボリュームもある」と話した＝長岡市のアルプス電気長岡工場

いている」と意義を語る。

こうした事業所の努力もあり、食塩摂取量は08～11年度で平均11・1グラムから10・4グラムに減少した。それでもまだ、11年度の全国平均10・1グラムを上回っている。塩分過多はがんだけでなく、高血圧や脳卒中にもつながる。厚生労働省が示す目標値は男性8グラム未満、女性7グラム未満だ。

12年に国が策定した「がん対策推進基本計画」でも「塩分摂取量の減少」が目標に掲げられている。

こうした中、食生活改善推進委員も家庭訪問や料理教室を通じ、減塩に取り組んでいる。

県内約4100人の委員は主に主婦層。13、14年度には県と連携して、各地域の家庭を訪れ、みそ汁の塩分濃度を測定した。対象者は13年度は約4400人、14年度は約5千人に上り、塩分濃度の平均値は1年間で0・77％から0・73％に減少した。

県食生活改善推進委員協議会の外山迪子会長（71）は「住民との対話を大切にしてきた

成果が見えてきた。今後も地道な活動を続けたい」と力を込めた。

生活習慣

がんを予防するために、何ができるか――。厚生労働省は日々の生活習慣が大事だとして、継続的な運動や適切な体重維持を提唱している。運動はがんだけではなく、糖尿病や高血圧といった生活習慣病をはじめ、さまざまな病気のリスクも減らす。いかに日常的に体を動かす機会をつくることができるかが課題だ。

新潟市中央区のデンカビッグスワン内にある、県健康づくり・スポーツ医科学センター。平日の午後、30～70代の男女16人が筋力トレーニングや有酸素運動に励んでいた。「体を動かせば病気も逃げていく。そんな気持ちで励んでいます」。70代の男性は爽快感をにじませた。

この日に行われたのは、生活習慣を改善するコースだ。医師や栄養士らの指導の下、体の状態に合わせて作られた個別のメニューに沿って、下半身のストレッチなどに取り組んだ。センターの健康運動指導士、斎藤麻里子さん(39)は「それぞれのペースで運動を楽しみ、自分の体と対話することが大事。体の状態や変化に気付きやすくなります」と説明する。

忙しさなどを理由に、特別に運動する機会を持つことが難しいという人は多い。厚労省では2013年から「＋10」のキャッチフレーズの下、「今より10分多く体を動かそう」という呼び掛けをしている。センターでも、参加者に自宅でもできる筋トレなどを教えている。

トレーニング器具で汗を流す参加者。運動はがんをはじめ、さまざまな病気のリスクを減らす＝新潟市中央区の県健康づくり・スポーツ医科学センター

その結果、コースを終えた後、多くの人が運動を続けているという。「バスを使わずに歩くようになるなど、体を動かすことがおっくうではなくなった。運動に励んで健康を守ります」。参加した50代の女性会社員はしみじみと語った。

一方、がんを防ぐには、禁煙も重要だ。喫煙は肺がんや喉頭がんのリスクを高めることが科学的に証明されている。本県の場合、がんで亡くなる人の数は、部位別では肺がんが最も多い状態が続いている。

禁煙に挑戦する場合、最近は医師が処方する服薬治療が一般的だ。そのため、新潟市薬剤師会では10年から、禁煙に取り組む人をサポートする「禁煙支援薬剤師」の養成に取り組んでおり、79人（14年度現在）が活動している。

同会の足立泰儀理事（60）は「調剤薬局はただ薬を渡すための場所ではなく、住民の健康のための相談窓口という役割も担っている。これだけがんも増えている中、われわれにできることはないかと考えた」。

禁煙は挑戦中の本人を支える人が多いほど、成功する確率が上がるともいわれている。足立理事は「吸いたくなったときの対応策などもアドバイスできる。いつでも気軽に立ち寄って相談してほしい」と呼び掛けた。

女性に働き掛け

女性特有のがんのうち、乳がんや子宮頸《けい》がんは、胃がんや肺がんなどと比べて発症年齢のピークが低く、20～40代の若年層も少なくない。特に乳がんは近年、増加がいわれており、女性では罹患《りかん》数が最も多い。国内での死亡率は肝臓がんや胃がんなど低下が著しいがんがある中、乳がんや子宮頸がんは横ばいや増加傾向が続いている。

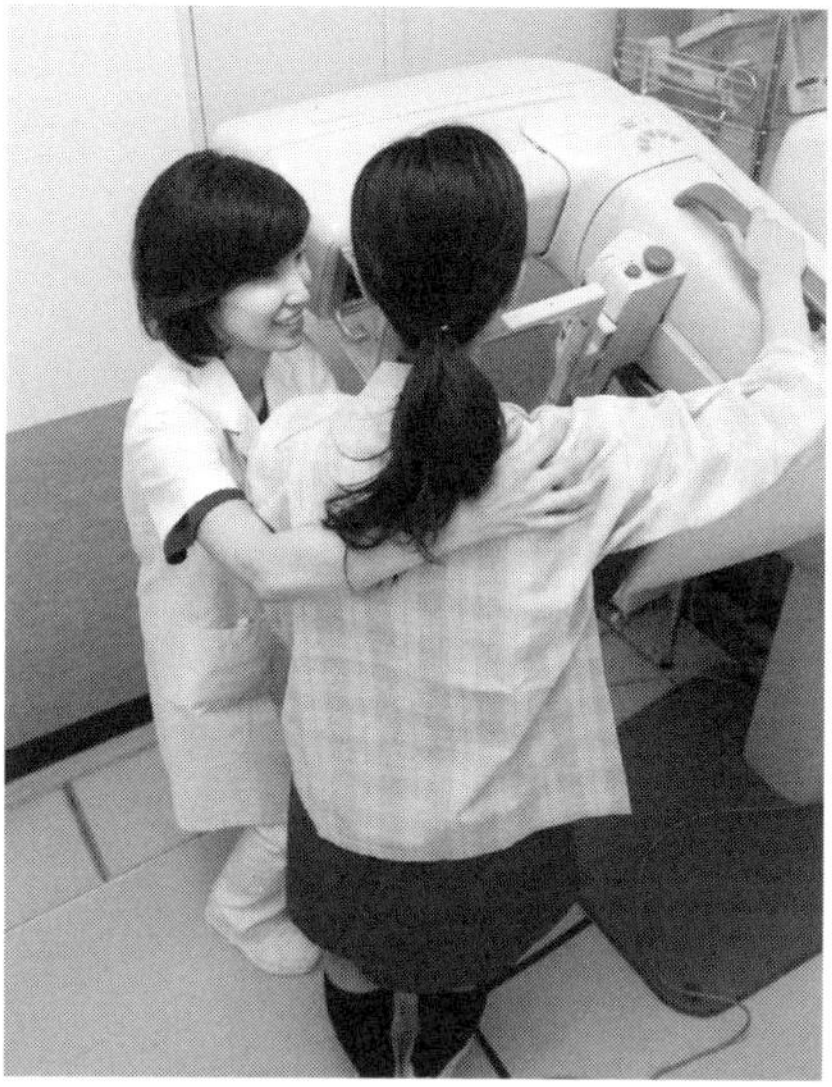

済生会新潟第二病院の「マンモグラフィー検診」。女性技師が担当し、自己触診などの方法もアドバイスした＝新潟市西区

「子育て世代ががんになると、家庭にも深刻な影響がある。中でも職場で受診機会がない主婦らをどう検診に結び付け、早期発見につなげるかが課題だ」。医療関係者は一様に指摘する。

　しかし、県内の市町村検診の受診率は２０１３年度で乳がんが25・１％、子宮がんは23・１％にとどまる。県産婦人科医会の児玉省二会長（66）＝新潟南病院産婦人科部長＝は「これらのがんは早期に見つかれば予後も良好だが、発見が遅れれば、その後の人生プランに大きく関わる。自分はがんにならないという楽観主義を捨てて検診を受けてほしい」と訴える。

　受診率が低迷する背景には、仕事や育児などで「面倒」「忙しい」といった理由に加え、デリケートな部位ゆえに「検査が怖い」「恥ずかしい」として敬遠する人が多いことが挙げられている。

どうしたら女性に受診してもらえるのか―。自治体なども知恵を絞っている。子育て中の母親に配慮し、長岡市や上越市は検診中に保育サービスを利用できる日を用意。魚沼市は40～64歳を対象に予約制の「レディースデイ」を設けている。レディースデイは県労働衛生医学協会の小出検診センターで肺、子宮頸部、乳、胃、大腸の全ての検診を午前中に受けられる。キャンセル待ちが出るほどで、魚沼市健康増進室は「スタッフは女性ばかり。ゆったりした雰囲気で待ち時間なく受けられることから人気のようだ」と話す。

また新潟市は14年、未受診者をターゲットに、市内の岩室温泉でマンモグラフィー検診と温泉や昼食をセットにした催しを初めて開催した。このほか医療機関でも、抵抗感を少なくするために女性技師が検査を担当したり、訪ねやすいよう週末や仕事帰りに受診可能にしたりといった対応が見られる。

一方で、乳がんは市町村検診が始まる40歳以前の罹患者も珍しくなく、子宮頸がんは性経験の低年齢化で発症が若年化している。新潟医療福祉大の山口典子講師（40）＝母性看護学・助産学＝は「月経で体の変化が起こる頃からの教育が大切」と強調。「まずは、かかりつけの婦人科医を見つけてほしい。子どもたちに自分の体を知り、セルフチェックする意識が育まれれば、がんを将来、減らすことにも結び付くのではないか」と語る。

第九章　2人に1人の時代に

がんという病気は、日本人の2人に1人が生涯でかかるといわれる。誰にとっても人ごとではなく、自身や家族、友人らがいつ当事者になるか分からない。病名を告げられ動揺する気持ちをどう受け止めるか、親ががんになった子どものケアは、職場の同僚へはどう接したらよいか…。それぞれができることを考えたい。

もし、私が…

「胃がんです。早めに手術を受けてください」。新潟市西蒲区のタクシー運転手、上原信之さん（43）は2014年暮れ、会社の健康診断を機に医師から告知を受けた。

独身で、同居する母親（75）には心配や迷惑を掛けたくなかった。動揺を抑えながら医療費の助成制度を調べ、入院日程を決めた。仕事中は気が紛れたが、「一人になると最悪の事態を想像し、不安に駆られた」と上原さん。

数週間後、胃の3分の2を摘出した。手術後は口元を拭くことも自身でできず、付き添いの母や兄嫁に世話になった。「情けなくて涙があふれた」。約3カ月休職して復職。今は体力も戻り、定期検査で経過観察を続ける。

がんと診断されると、誰でも強いストレスを受ける。がん患者の心理について県立加茂病院（加茂市）緩和ケア科の本間英之医師（46）は「不安を感じ、落ち込むのは当然。状況を受け入れるには、信頼できる相談相手を見つけることが大切です」と語る。

家族や友人と話したり、適切な医療情報を得たりすることで、大半の人は2週間を目安に落ち着きを取り戻すという。しかし、抑うつ状態が長引く場合は専門的な治療が必要になる。がん患者の10～30％に適応障害、4～7％にうつ病が認められるとする調査もある。

がん治療には、再発や転移への不安もつきまとう。本間医師は「働き盛りや子育て中の患者は仕事や育児の悩みが重なり、心のバランスを崩しやすい」と指摘。「精神状態は治療にも影響する。日常生活に支障を来すようなら主治医や看護師らに声を掛けてほしい」と呼び掛ける。

非婚化が進み、「おひとりさま」も増えている。

長岡赤十字病院（長岡市）が15年開設した「がん看護外来」で、患者の相談に応じているがん看護専門看護師の白井直美さん（45）は「患者本人が心配を掛けたくないからと両親に情報を隠し、関係がぎくしゃくするケースがある」と説明する。親子それぞれの思いを聞き、橋渡しをすることもある。

そうした中、インターネットのソーシャル・ネットワーキング・サービス（SNS）を活用して患者同士が緩やかにつながり、支え合う動きがある。

がん発病は心に大きなストレスをもたらす。SNSを活用し、悩みや不安を分かち合う人たちもいる

乳がんを経験した加茂市のパート従業員、塚田真紀さん（41）は、フェイスブック上に、県内の乳がん経験者同士で情報交換できるページを設けた。

やり取りをしているのは30～50代の十数人。「検査結果が分かるまで不安です」「副作用が心配」―。1人が発信したメッセージを全員で共有し、助言や励ましの言葉を寄せる。県内には患者会や病院の患者サロンといった交流の場もあるが、仕事や育児の都合で参加が難しい人もいる。塚田さんは「SNSは場所や時間を問わず、コミュニケーションできる利点がある。安心して胸の内を明かせる仲間は心のよりどころになる。一緒に前に進み、悩みを抱える人が減ればうれしい」と話す。

もし、パパ、ママが…

新潟市に住む40代のシングルマザーは乳がんと診断され、全摘手術を受けた。小学生と中学生を一人で育てている。がんと聞いて、まず心配だったのがこの先の生活と、子どもに病気をどう伝えるかだった。

上の子に病名を明かすと、何度も「大丈夫だよね」と尋ねてきた。下の子には入院することしか告げられなかった。その時は寂しそうな表情だったが、その後、女性の前で心配そうなそぶりを見せることはなかったという。「子どもなりの優しさから、不安を見せないようにしていたのかもしれません」

国立がん研究センターが初めて公表した推計によると、18歳未満の子どもがいて新たにがんと診断される人は全国で年間5万6千人、その子どもは8万7千人に上る。専門家は

女性が子どもたちからもらった手作りのお守り。入院中は枕元に置いていたという

「晩婚化の一方、若い世代に目立つ乳がんなどが増えている。子育てと治療が重なる人は増加傾向にある」とみる。

がんと分かった時、子どもに伝えるべきか悩む親は多い。新潟青陵大大学院（新潟市中央区）の佐々木祐子准教授（46）＝がん看護学＝は「できれば子どもの発達段階に応じて、分かりやすく病気を伝えてほしい」と話す。

心配させたくないと親が隠しても、子どもは変化を敏感に感じ取る。「聞いてはいけないことなんだ」と疎外感や不安を募らせ、ささいなことで友達とけんかしたりと情緒が不安定になってしまうことも。「子どもは自分のせいで親が病気になったと責めることがある。誰のせいでもなく、うつる病気でもないことを伝えてあげて」と佐々木准教授。小さい子なら、例えば「ビームでがんをやっつける」といった表現で治療や副作用について教えると理解しやすいという。

親ががんになった子どもへのサポートは、全国的に注目されている。NPO法人「Hope Tree」（東京）はホームページなどで「治療計画の影響を知らせる」「がんについて話し合うことを恐れない」といったポイントを紹介。親ががんの子どもが集まり、工作や話し合いを通して自身の状況や心境と向き合ったり、周囲への伝え方を学んだりするプログラムを広げる活動もしている。

病気の家族の世話や家事を担う「ヤングケアラー」と呼ばれる子どもたちについて、本県などでも研究する立正大の森田久美子准教授（48）は、家庭での役割が増すことで学習面や友人関係に支障を来す子どもの存在を懸念する。「教員は子どもの変化に注意し、親の状態や、家庭でどの程度の役割を担っているのかを聞き取ることが大切。必要に応じて公的サービスにつなげることを検討してほし

主な経済的支援

高額療養費制度
1カ月の医療費が自己負担限度額を超えた場合、超過分を支給

傷病手当金
病気で働けず、長期休業が必要な場合に所得の一部を保障。最長1年半

障害年金
重い障害が残り、初診から1年半以上たっても生活や仕事に制限がある場合などに支給

身体障害者手帳
ストーマ装具などのほか、等級により医療費などを助成。人工肛門・ぼうこう造設や喉頭摘出の人らが対象

生活福祉資金貸付制度
低所得世帯などに無利子や低利子で修学費や療養費を貸し付け

ひとり親家庭等医療費助成制度
ひとりで子どもを育てている家庭に医療費を助成

い」と訴える。

一方、家計を支える親の闘病で、経済的な困難を抱える世帯もある。県内のがん診療連携拠点病院に設置されている相談支援センターでは、各種支援制度について紹介している。長岡中央綜合病院（長岡市）の医療ソーシャルワーカー荒川和也さん（41）は「どんな支援が受けられるのか整理して考えることもできる。センターで気軽に相談してほしい」と呼び掛ける。

もし、友人や同僚が…

同僚や友人ががんになるのは決して珍しいことではない。しかし、励ますつもりで掛けた言葉が、相手に負担を与えたり、傷つけてしまったりすることがある。

「前向きに治療をしていたのに、健康な友人との間に隔たりを感じた」。新潟市中央区の60代主婦は友人から「かわいそうに…」と言われ、落ち込んだという。40代の会社員女性は周囲に不安な思いを明かすと、「悲観的な考えは良くない」と諭された。「もう弱音を吐けない」と声を落とす。

がん治療を経て復職したり、治療を続けながら働いたりするケースも増えている。職場での理解や配慮が求められている

新潟市民病院（同市中央区）の患者サロンでボランティアをしている高木馨さん（82）は「『頑張れ』という一言は、懸命に闘病している患者をさらに追い詰める」と感じている。自身もがんを経験した立場から、「代わりに『頑張っているね』と肯定する言葉が心を和らげる」と話す。

県立がんセンター新潟病院（中央区）の地域連携・相談支援センターで患者に接している看護師、波多野千津子さん（44）は、会話する際の基本は、本人の思いに共感する姿勢だとする。「気持ちを理解してくれると思う相手だからこそ、患者は相談や話をする。解決策を提案するのではなく、気持ちをくみ取って寄り添ってほしい」と語る。

「体を慣らしながら少しずつ働きたい。職場の理解が得られるか…」。乳がんのため休職し、復職を控える長岡市の会社員女性（41）は不安をのぞかせる。今後、5年以上に及ぶホルモン療法も予定されている。

がんになる人の約3割が働く世代だ。職場での配慮も求められる。厚生労働省は2016年2月、がんになっても治療を受けながら働き続けることができるよう、初めてとなる企業向けの指針を公表した。

パナソニックエコソリューションズ社新潟工場（燕市）で働く丹治高義さん（61）は2年前、大腸がんの手術をし、約2カ月の療養を経て復職した。

同僚は以前と変わらない態度で接してくれ、「いい意味で特別扱いされず、気兼ねなく現場に戻れた」と丹治さん。上司は仕事量や、内容の軽減が必要かを尋ね、同僚は「無理しないで」とさりげなく気遣いをしてくれたという。工場側でも「重い物が運べない」「所定時間外に休息を取りたい」といったがん経験者の事情に配慮している。保健師の小坂智恵子さん（47）は「本人の働く意思を尊重し、体調に合わせた働き方をアドバイスしたい」と言う。

ショックだった言葉
強くなりなさい
泣いても仕方ないよ
かわいそうに
治療はいつまで続くの？
頑張れ
●●が効くそうだよ
しっかりして
支えになった言葉
頑張っているね
できることがあったら言ってね
力になりたい
つらいよね（患者の言葉を受けて返す）
頑張りすぎないで
※がん経験者らの話を基に作成

アルプス電気長岡工場（長岡市）では、これまで育児や介護中の従業員に限っていた短時間勤務を、理由を問わず申請可能にする人事制度を導入。総務課の有坂一成課長（46）は「治療も含めてそれぞれの生活に合わせて働ける環境を整え、人材確保につなげたい」と説明する。

県労働衛生医学協会（新潟市中央区）の産業医、三間聡さん（54）は「患者の体調には波があり、薬の影響などで一時的に不調が現れることもある。時折、体調はどうか声を掛けてほしい」と助言。「本人が状況や希望を伝えやすい環境にするには、日頃のコミュニケーションも大切。がんが特別な病でなくなった今、〝お互いさま〟の気持ちで支え合う社会が求められている」と強調する。

第十章　高齢化で増加　認知症のがん患者

認知症の症状があるがん患者が高齢化に伴って増えており、県内の病院の約８割が「がん治療への影響が出ている」と感じていることが、新潟日報社のアンケート調査で分かった。医師らの説明を本人が理解できなかったり、検査や長時間の点滴が難しくなったりしている。がんは生涯で２人に１人がかかるといわれ、認知症は予備軍を含めると現在65歳以上の４人に１人と推計されている。多くの病院が今後、専門的な対応が必要と考えていることも明らかになった。

調査は２０１５年８〜９月に、県内の主な病院を対象に実施。がん診療連携拠点病院をはじめ、病床数１５０以上（一般、療養の合計）を基準として67病院に調査票を送り、35病院から回答があった。回答率は52％。

「認知症を患うがん患者が増えているか」の質問に対し、77％の病院が「はい」と答えた。

中には「がん患者の6割以上に認知症の症状がある」との回答も。また、「治療への影響が出ている」とした病院は同じく77%だった。

認知症患者　治療への影響

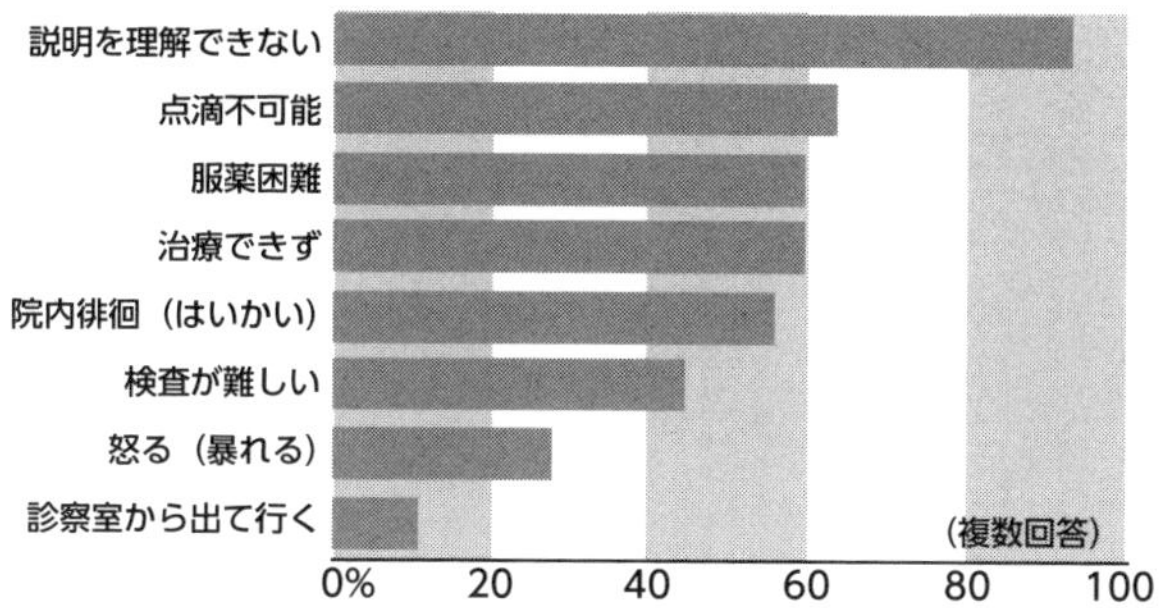

がん治療にどのような影響が出ているかを複数回答で挙げてもらったところ、「説明内容を理解できない」が93%で最多。「(抗がん剤など)長時間の点滴が不可能」(63%)、「服薬が困難」(59%)などが続いた=グラフ参照=。

認知症の症状があることで、一般的ながん治療を進めることに支障が生じていることがうかがえる。このため、「家族に協力を求める」といった回答があった。

「がん治療のための入院で、認知症の症状が出たり悪化したりしたケースはあるか」との問いでは、「はい」が69%。その結果、退院を予定より早めたり、症状を落ち着かせるための向精神薬を処方したりするケースがあった。

認知症を併発するがん患者の増加に対し、「病院として専門的な対応が必要となっている」との回答は8割を超えた。「適切な対応ができる教育体制の構築を」「がん治療におけるガイドラインがほしい」といった声や、「認知症専門の病院を増やす必要がある」との指摘があった。

苦慮

認知症もある人に、がんの治療をする際、最初の壁となるのは病気に対する本人の理解だ。認知症の症状が進むと、医師の話を理解することが困難になるためだ。アンケートで「治療への影響が出ている」と答えた病院の大半が、「説明内容を理解できない」ことを理由に挙げた。

がんの治療は現在、「本人への告知」が基本となっている。その上で病状についてきちんと説明し、同意を得て今後の治療方針を決める「インフォームドコンセント」が普及している。

がん診療連携拠点病院の新潟市民病院（同市中央区）のがん診療支援室長、伊藤和彦医師（53）は「認知症の患者に対しては、相手の気持ちをくみ取りながら、できるだけ平易な言葉を使うようにしている」と強調する。患者の様子を見ながら、ケース・バイ・ケースで対応しているという。それでも理解してもらうことが難しいケースは多く、「基本的に家族に付き添ってもらっている」と話す。

アンケート結果を見ると、「本人と家族に別々に説明してから、あらためて全員に時間をかけて説明し直している」（中越地域の病院）、「家族と一緒に治療方針を定める」（新潟市内）といった対応が目立った。

ただ、なかなか本人の意思が確認できないとしても、尊重する努力は必要だという意見があった。「家族への十分な説明は必要だが、家族の意思だけに重きを置かない」（下越地域）などだ。

認知症の人は、普段の生活環境とは違った場所にいると、混乱や戸惑いから症状が出やすくなると指摘されている。病院もその一つで、治療への影響（複数回答）では「じっとしていられず検査が難しい」が4割を超えた。

そうした状況を受けての対応として、「診察時間に余裕がある日に来てもらう」（中越地域）、「専従のスタッフを付ける」（県央地域）、「認知症の症状がある場合、治療の選択により、生活の質が低下することも予想される。（あえて治療をしない選択も含め）家族と話し合う」（中越地域）といった回答があった。

さらに治療を開始してからも、患者が突然暴れたり、病室からいなくなったりする場合がある。「本人に不必要な点滴、モニターなどを周囲から除去する」（新潟市内）、「小まめに所在を確認する」（下越地域）といった注意を払っていた。「認知症の行動には必ず意味がある。把握した情報はスタッフ間で共有する」（県央地域）と、認知症の人に寄り添う対応を心掛けているという病院も。

一方では、「付き添いや見守りを強化しているが、病院にとって人的・時間的負担が増大している」（新潟市内）といった切実な声が上がった。「やむを得ず鎮静剤を使う」（下越地域）との回答もあった。

新潟市民病院の伊藤医師は「時間の限られた外来では対応が難しく、検査でも入院してもらうことがある。場合により、院内の脳神経内科や総合診療内科と連携して治療を進めている」と語る。

課題

がんの治療では、手術などのため入院が必要になり、病状によっては長期に及ぶ。ただ、認知症の人にとって生活環境の変化はとても苦手なことだ。県内の主な病院を対象に新潟日報社が実施したアンケート調査では、「がん治療のための入院で、認知症の症状が出たり悪化したりしたケースはあるか」との質問に対し、約7割が「はい」と回答した。具体的には「一見認知症がないように見えても、入院することで症状が現れてくることはよくある」（下越地域の病院）などの記述が目立った。

県立新発田病院（新発田市）の斎藤由紀看護師長（47）も「検査や手術で長期間の入院になると、次第に妄想などの症状が出てきたり、病室を出て院内を歩き回ったりすることがある」と言う。そのため、同病院では認知症の患者にはベッドのそばにセンサーマットを設置している。ベッドを下りた患者の重みを感知すると、ナースコールが鳴る仕組みだ。「普段から目配りは欠かさないが、スタッフの数にはどうしても限りがある。機器も活用しながら、認知症の患者を支えている」と説明する。

一方で、認知症の症状が重く、当初の治療計画を見直さざるを得なくなる患者もいる。認知症の症状が悪化した場合の対応（複数回答）として、「退院を早めた」が6割を超えた。

患者はその後、施設入所や在宅療養を検討することになる。しかし、アンケートでは「退院後の患者の生活を支える福祉体制やサービスが不十分」といった指摘があった。「手術をして認知症が悪化してしまい、施設側で引き取れないとなると、医療側としては非常に困る」（下越地方）、「がんになった認知症の人に対応した介護サービスが少ない」（新潟市内）などだ。

県内の各病院は、認知症があるがん患者の増加に、手探りで対応している。回答した病院の83％が、がん治療の現場でも「認知症への専門的な対応が必要になる」と答えた。

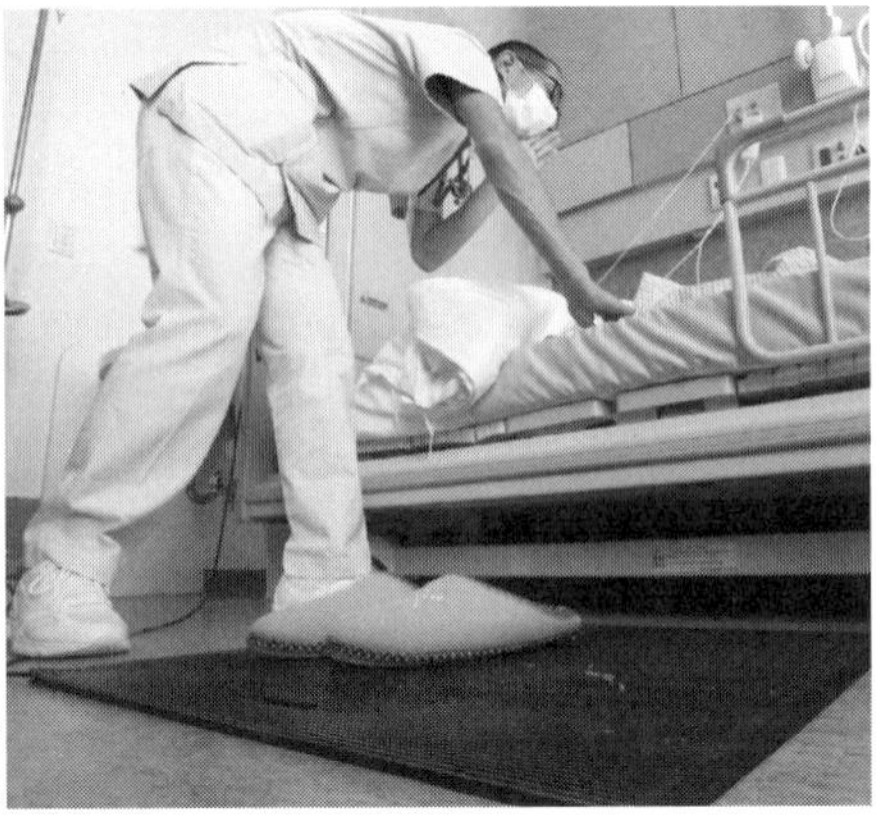

ベッド脇に置かれたセンサーマット。スタッフの見守りとともに機器も活用しながら認知症のがん患者の治療を支えている＝新発田市の県立新発田病院

その理由として、「認知症を理由に、一般的ながん治療を受けられないという時代ではない」（中越地域）、「高齢であっても高度医療を受ける機会が増えている。病院ごとの役割を明確にし、療養を目的とした認知症専門の病院を増やすべきだ」（新潟市内）といった意見が寄せられた。

看護師を中心に院内外の研修を受けている病院もあった。このほか、今後望むこととして「（認知症を専門とする）精神科病院との連携を強化する」（上越地域）、「院内の認知症専門スタッフを最大限に活用するため、人員配置などのシステム化」（長岡地域）などが挙がった。

現場の対応だけでは限界があるとの指摘も。「（専門スタッフの配置など）国による財政支援は必要。現場に負担を押し付けるだけでは、やがて医療崩壊につながる」（新潟市内）と、高齢社会に対応した制度の充実を求める声が出ている。

補遺

助かった命 授かった命

新潟市東区の会社員藤田昌文さん（41）は、伝い歩きができるようになった生後10カ月の長男清正ちゃんを見詰め、頬を緩めた。

「こんなにかわいいとは。この子が成長するまでは頑張らなくてはいけないと思うようになりました」

昌文さんは2012年4月、血液がんの一種「急性混合性白血病」と診断された。医師が当初、「1週間生きられるかどうか分からない」と告げるほど、深刻な病状だった。

結婚して3年余り。妻の由起子さん（36）と「そろそろ子どもが欲しいね」と話していた矢先のこと。新潟大医歯学総合病院（新潟市中央区）に入院した昌文さんはベッドで天井を眺め、「俺の人生も終わったな」と思ったという。

抗がん剤投与や造血幹細胞移植などの治療方針が決まる中、主治医は「子どもを望むなら、すぐに精子を凍結保存した方がいい」と伝えた。使用する抗がん剤や移植前の放射線照射によって、生殖機能が損なわれる恐れがあるためだ。悩んでいる時間はなかった。

昌文さんは、入院治療に入った。退院することができたのは8カ月後だ。

由起子さんは昌文さんの容体が落ち着いた14年4月、新大病院で妊娠のための治療を始めた。白血病の治療に入る前に凍結保存しておいた精子を使って、顕微授精に挑戦した。

妻とともに、笑顔で長男を見守る藤田昌文さん（左）＝新潟市東区

3個の胚ができ、最後の望みをつないだ3回目の治療でその年の8月、妊娠していることが判明した。発病前は実家が経営する建設会社に勤務。冬場は数日間も徹夜で除雪作業をこなすなど体力には自信があった昌文さんだったが、当時は抵抗力が落ち、感染症による重い肺炎で入院中だった。由起子さんは「夫もどうなるか分からない。やっと着床してうれしいはずなのに、不安が先に立って喜

べなかった」と振り返る。

しかし、昌文さんは次第に回復。由起子さんのおなかも大きくなり、15年4月、清正ちゃんが誕生した。昌文さんは出産にも立ち会うことができた。

清く正しく成長してほしい――。そう願い、好きな武将の名前を付けた息子。その存在は、病気と向き合う中での大きな励みでもある。昌文さんは「もう少し大きくなったら、趣味である釣りやキャンプに一緒に行くのが楽しみ」と言う。

現在は仕事に復帰するとともに、2カ月に1回の通院を続けている。凍結保存した精子はまだ残されている。「できればもう一人、授かれたらいいね」。夫婦でこんな会話をすることもある。

妊孕性温存　関心高く

がん治療の過程での抗がん剤投与や放射線治療などの副作用で、生殖機能が損なわれることがある。若年層の患者の場合、治療後に妊娠できる可能性（妊孕性《にんよう》）が残せるよう、精子や卵子の凍結保存が行われている。

新潟大医歯学総合病院では、がん患者の精子の凍結保存を手掛ける。ここ10年で計約80

例の申請があった。ただ、精子の状態が悪いなどの理由で、実際に凍結できたのは約半数。患者がその後、亡くなってしまうケースもあり、同病院で凍結精子を利用したのは16年2月までに2例にとどまる。いずれも無事、出産に至ったという。

新大病院の茅原誠助教(35)は「がん患者の10%が、生殖年齢やそれ以下の年代とされる。若い患者には主治医が速やかに妊孕性温存の選択肢があることを示し、がんの治療前に対応することが重要だ」と指摘する。

一方、卵子や卵巣組織の凍結については、日本産科婦人科学会が2014年4月、学会に登録・申請し、受理された施設で行うよう見解を出した。主治医から適切な情報提供がされることや、がん治療をする施設内や連携施設で手掛けることも求めた。全国では16年1月末現在で卵子凍結は44施設、卵巣は20施設が承認されており、新大病院は卵子の凍結申請を出した段階だ。

技術の進歩が目覚ましいとはいえ、凍結卵子は受精卵を凍結するのに比べて子宮への着床率が半減するとの研究報告もあり、出産に至るの

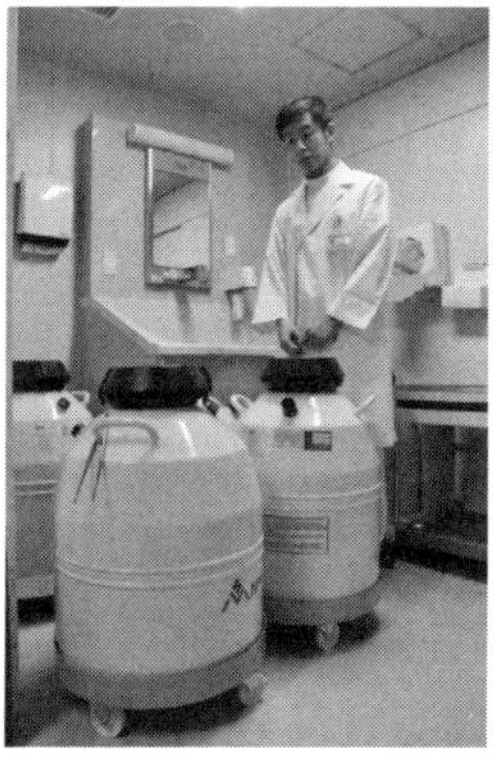

精子を保存しているタンク。マイナス196度の液体窒素で凍結する=新潟市中央区の新潟大医歯学総合病院

は容易ではない。採卵のため、がん治療開始が遅れてしまう課題もある。新大病院にはほぼ毎月のように、病気のために卵子凍結を望む女性からの相談が寄せられているという。茅原助教は「現在は他県の施設を紹介しているが、承認されれば早急に県内で対応できる体制をつくりたい。将来、自分の子どもが生まれる可能性を残せることは大きな励みになり、治療にもプラスに働くはずだ」と話す。

乳がん　女性の罹患率トップ

がんの部位別に見ると、女性の罹患率《りかん》、罹患数ともにトップは乳がんとなっている。県内では近年、毎年250人前後が亡くなっている。ただ、乳がんは早期発見、早期治療すれば、治る確率も高くなっている。自治体などの検診を受けることに加え、医療関係者らが勧めるのが自己触診だ。日常的に自分で調べることで、しこりなどの異常に気付くことができる。自己触診はどのような方法、タイミングで行えばよいのだろうか。

「しこりがあると気付いて受診し、がんが分かる人は多いが、定期的に乳房をチェックしているという人は少ない。20歳を過ぎたら毎月1回のペースで自己触診をしてほしい」。

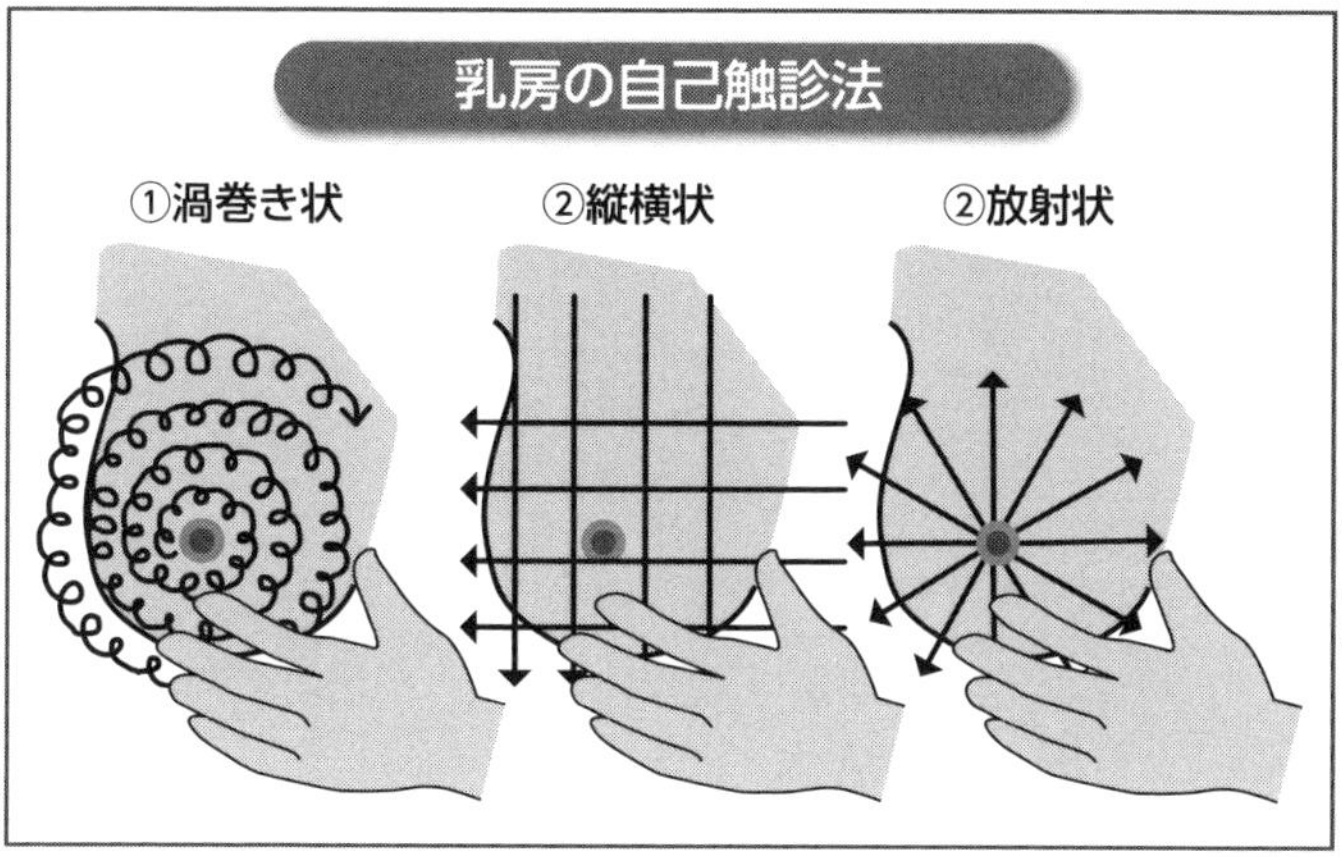

※頓所弘美さんの話などを基に作製

長岡赤十字病院の乳がん看護認定看護師、頓所弘美さん（35）はこう強調する。

乳がんは30代などでかかる人も少なくない。若い世代は乳腺が発達しているため、マンモグラフィー検査で全体が白く映り、しこりが見つけにくいことがある。「自己触診を続けていれば、乳房の変化に敏感になり、小さなしこりに気づく可能性も高くなります」

時期は、乳房に張りや痛みがない生理終了後1週間ほどが最適という。まずは入浴時などに鏡の前に立ち、乳房に左右差がないかを見る。さらに両手を上げたり、頭の後ろで手を組んだりして、「引きつれ」や赤い腫れ、えくぼのようなへこみなどがないかを確認する。

続いて触診。そのままの状態でも構わないが、せっけんを付けたり、就寝前にあおむけになったりしてもいい。親指以外の4本の指の腹を使い、少し力を入れて押していく。

頓所さんが紹介する方法は、（1）小さな「の」の字を書くように乳頭周辺から外側に渦巻き状に向かう（2）指をそろえて縦横になでる（3）両手で中心から放射状に触る―の3種類。このうち2種類以上を行う。乳房内側を触る時は腕を上げ、外側の時は軽く腕を下ろしてすると分かりやすい。「しこりは乳房の膨らんだ部分から発生しやすいが、脇の下までしっかり調べてください」。乳頭をつまみ、分泌物がないかも確認する。

しこりがあってもがんとは限らず、乳腺線維腺腫や乳腺症など良性疾患のケースもある。一方で、「しこりが動いているから」「痛くないから」といった自己判断で受診せず、後で実はがんだったという場合も少なくない。頓所さんは「異常を見つけたらすぐにクリニックなどを受診してほしい。忙しいからと後回しにしたり、まさか自分はがんにならないだろうと過信したりはしないで」と呼び掛ける。

遺伝性乳がん・卵巣がん症候群

がんの中には近年、数は少ないが、遺伝性のものがあることが分かってきた。その一つが、「遺伝性乳がん・卵巣がん症候群（ＨＢＯＣ）」だ。ＨＢＯＣの診療や研究を進めるため、新潟県では２０１６年11月、県立がんセンター新潟病院（新潟市中央区）に専門外来が開設された。同時に、新潟大には県による寄付講座「家族性・遺伝性腫瘍学講座」が新設された。がんセンターと新大の医師が連携しての取り組みが始まっている。

ＨＢＯＣは「ＢＲＣＡ１」「ＢＲＣＡ２」と呼ばれる遺伝子の変異が関わるケースが知られている。乳がんや卵巣がんは5～10％が遺伝的な要因を強く受けて発症するとみられているが、ＨＢＯＣはその最も多くを占めている。米国の人気女優アンジェリーナ・ジョリーさんが遺伝子検査を踏まえて乳房と卵巣を予防的に切除し、話題となったことでも知られる。親族に乳がんや卵巣がんが多かったり、若くしてこれらのがんを発症したりした場合などに、ＨＢＯＣの可能性が疑われるという。

遺伝カウンセリングについて話し合う二つの病院の医師ら＝新潟市中央区のがんセンター新潟病院がん予防総合センター

ＨＢＯＣの治療をめぐっては、「ＢＲＣＡ１」「ＢＲＣＡ２」の変異陽性者に効果が期待される「ＰＡＲＰ阻害薬」と呼ばれる分子標的薬の治験が進んでいる。

遺伝子変異は血液検査で調べる。治療や早期発見、予防に生かすことが期待できる半面、検査には十分な配慮や慎重さも求められる。変異は性別に関わらず50％の確率で親から子へ遺伝し、デリケートな問題を含むためだ。また、カウンセリングや検査などの費用は現段階では全て自己負担となっている。

「家族性・遺伝性腫瘍学講座」の西野幸治・新大特任准教授（40）＝産婦人科＝は「これからは遺伝子によって治療法を選択する時代になる。検査やフォローアップの態勢を急いで整えることが必要だ」と語る。

がんセンターに設けられた専門外来では、乳がんを若年（特に40歳未満）で発症した患者、両側の胸でかかった患者、片側でも繰り返した患者、卵巣がんの患者らを受け入れ対象にしている。当面は患者が検査を受けた場合に限って、血縁者の受診も受け付ける。

家族の病歴などの聞き取りを経て、遺伝カウンセラーや、がんセンターと新大両病院の臨床遺伝専門医がカウンセリングに当たる。その後、希望者は遺伝子検査を受ける。年末までに、2件のカウンセリングを行ったという。

陽性であれば、手術方法や薬剤の選択に役立て、乳がん患者なら卵巣がん、卵巣がん患者なら乳がんの検診が受けられる。患者の血縁者で未発症者は、以後の発症の可能性を考慮し、検診や経過観察などを続け、早期発見・治療を目指す。

予防のために卵巣や乳房を取る「リスク低減手術」についても両病院が協力し、実施に向けた体制づくりを進めたいとしている。

がんセンターの佐藤信昭院長（62）は「がん診療連携拠点病院などのネットワークを生かし、可能性のある人を専門外来に紹介してもらうよう働き掛けたい。遺伝性がんに携わるスタッフの養成も図りたい」と話す。

子宮体がん腹腔鏡手術

閉経前後の女性に多くみられる子宮体がんで、腹腔鏡《ふくくう》を使った手術が注目されている。腹部に開けた数カ所の小さな穴から、体内に小型カメラや器具を挿入して子宮などを摘出する。開腹手術と比べ、体への負担や傷が小さくて済むことがメリットで、県内でも実施数が増えている。2014年度から初期のがんでは、公的医療保険が適用されるようになったことも要因だ。

子宮がんは、子宮の入り口にできる「頸《けい》がん」と、胎児が育つ子宮の内膜に発生する「体がん」とに大きく分けられる。体がんの場合、治療は進行に応じ、子宮や周りの卵巣などの全摘手術が基本となる。

子宮体がんで腹腔鏡手術が保険適用されるのは、腫瘍が浅い部分にとどまる初期の段階だ。へそに開けた1センチ大の穴からカメラを入れ、数ミリ大の数カ所の穴から鉗子《かんし》と呼ばれる器具や電気メスを差し込む。医師はモニターを見ながら繊細な操作をする。

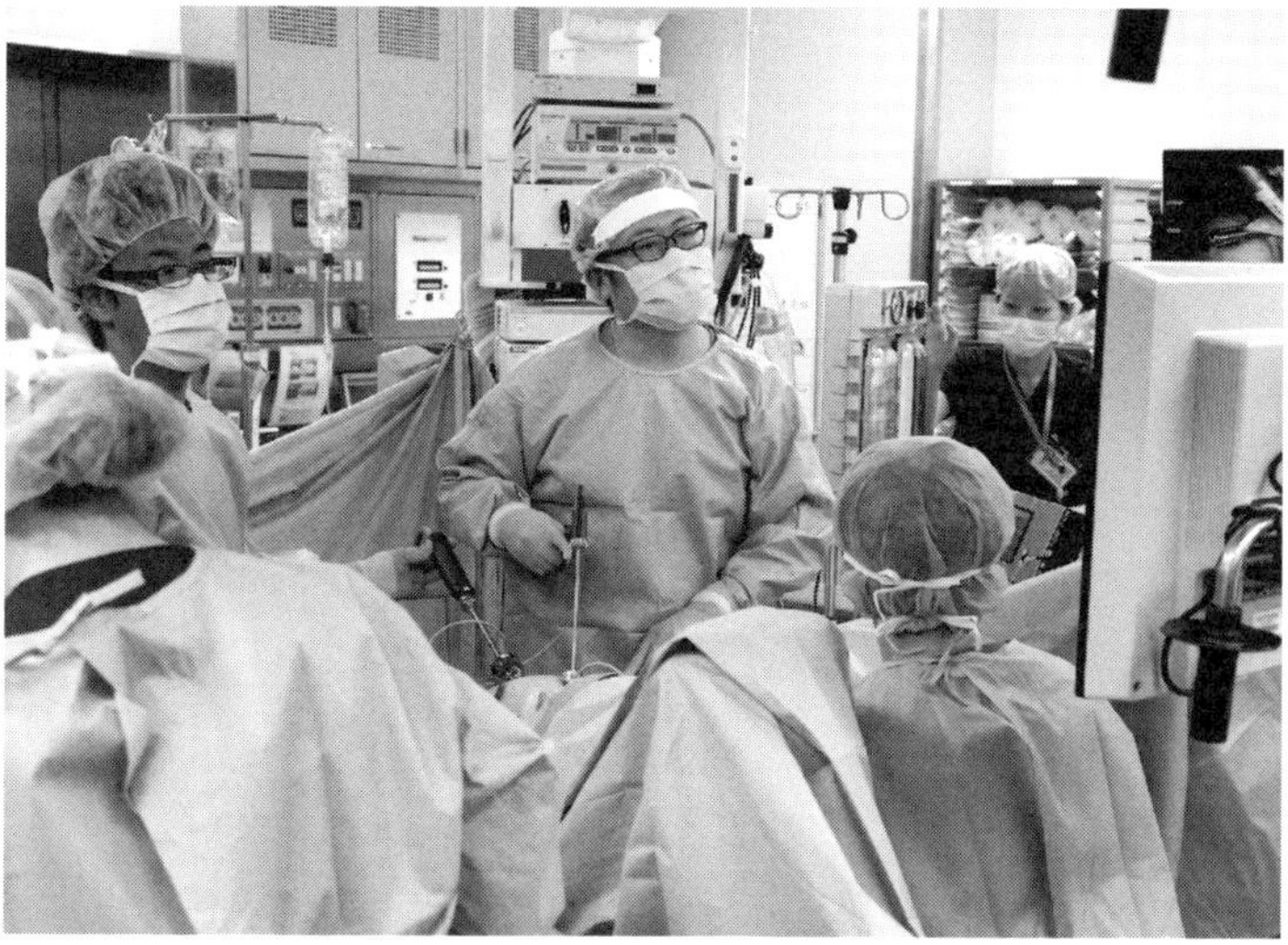

2人の医師がモニターを見ながら進める子宮体がんの腹腔鏡手術＝新潟市中央区の新潟大医歯学総合病院

新潟大医歯学総合病院（新潟市中央区）の磯部真倫助教（38）は「カメラで拡大することで骨盤の奥深くの様子も分かりやすい。開腹手術と同等の手術ができる」と説明する。

新大病院では、子宮体がんの腹腔鏡手術について、先進医療の扱いだった08年から取り組んできた。15年度末までに100件近くを実施。特に保険適用後は増加が顕著だ。

手術にかかる時間は一般的に3～4時間で、開腹と大差はないが、入院期間は約3～5日と半分ほどという。出血など体への負担が少ないことや、傷口の治りが早いことなどがメリットとして挙げられている。

半面、高度な技術が求められ、保険診療で実施する病院は、手術数や緊急時の体制など厳しい施設基準を満たす必要がある。県内では16年6月時点で、子宮体がんでは新大病院と長岡赤十字病院（長岡市）の2施設だけが認められている。

群馬大病院などで死亡例が相次ぎ、腹腔鏡手術そのものへの安全性が問われる中、専門知識と技術を持った医師の養成も急がれている。

日本産科婦人科内視鏡学会は、良性腫瘍を含めた腹腔鏡手術について、一定の技術を持つ医師を認定しているが、県内は同時点で5人にとどまる。中でも子宮体がんは、日本婦人科腫瘍学会婦人科腫瘍専門医の資格もあることが望ましいとされている。

両方の資格を有する磯部助教は、腹腔鏡手術に対応できる医師を増やそうと、他の病院にも出向き、若手医師らへの技術指導にも当たる。「患者が安心して手術を受けられるよう、スペシャリストを養成したい」と話す。

一方、子宮体がん以外の婦人科がんでも、腹腔鏡手術の適用はさらに広がる可能性がある。子宮頸がんをめぐっては、保険適用を目指す先進医療の段階にある。新大病院も準備を進めている。

胃の内視鏡検査

市町村が行う胃がん検診は、厚生労働省の指針に沿うかたちで、バリウムを飲むエックス線検査が主に実施されてきた。国立がん研究センターは２０１５年4月、胃がん検診としてエックス線検査に加え、新たに内視鏡検査も推奨するとのガイドラインを公表。これに続き、厚労省も指針を改定した。新潟県では既に10年以上前から、新潟市が独自に内視鏡検査を取り入れており、がん発見率が高まるなどの効果が出ている。

新潟市西区の藤田内科消化器科医院。「緊張しないでくださいね」。院長で市医師会長の藤田一隆医師（59）が患者に声を掛ける。モニターに映し出された食道や胃、十二指腸を診ながら、5分ほどで検査を終えた。

エックス線検査が胃粘膜の凹凸から病変があるか調べるのに対し、内視鏡は粘膜を直接、カラー画像で見ることができる。藤田医師は「色の違いが分かるので、凹凸のない早期のがんを発見しやすい」と説明する。

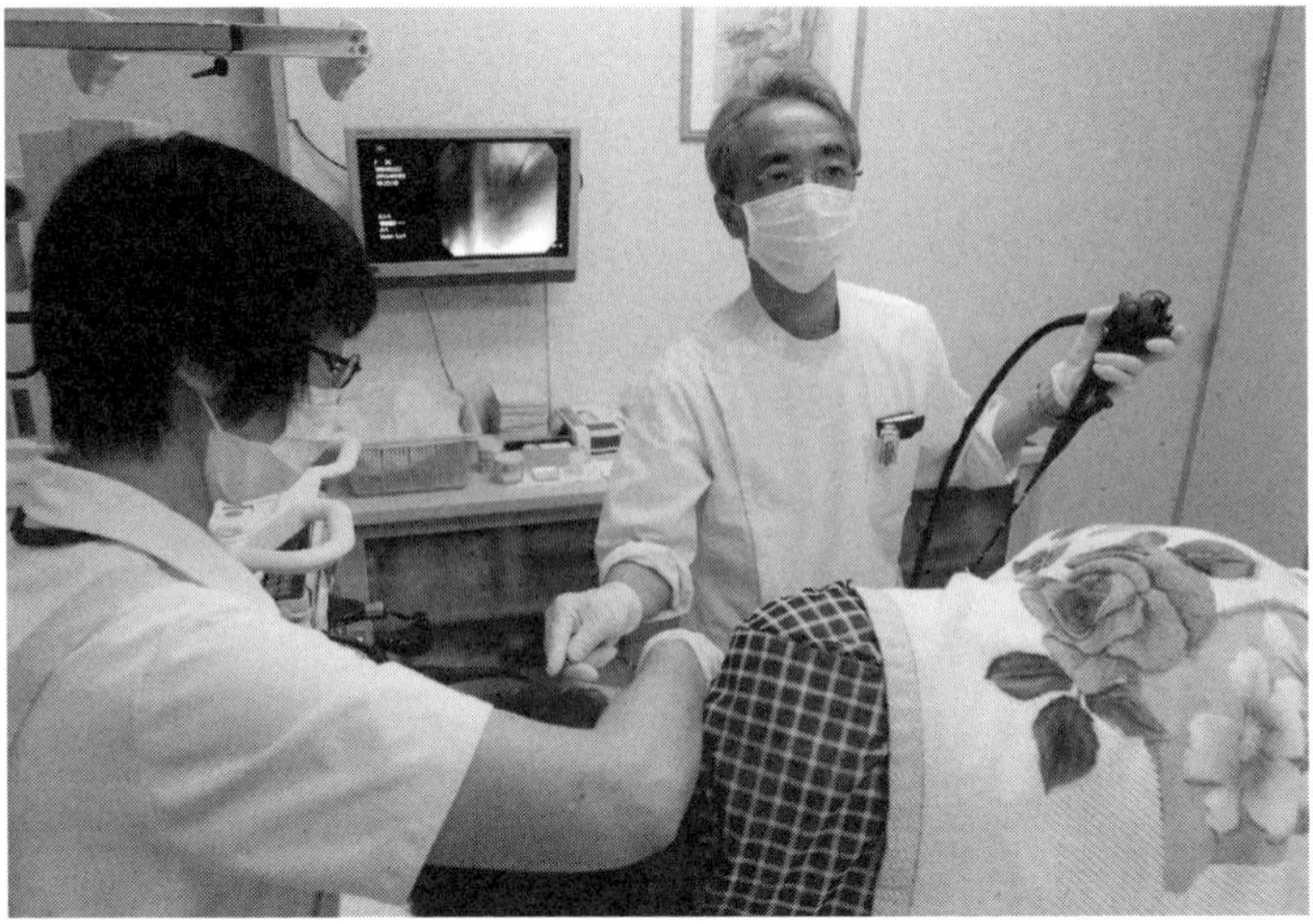

モニターの画像を見ながら、病変の有無を確かめる胃の内視鏡検査＝新潟市西区の藤田内科消化器科医院

市医師会の働き掛けをきっかけに、新潟市では03年度から、胃がんの住民検診はエックス線検査と内視鏡検査の選択制としている。

内視鏡検査を受診する住民は年々増加し、09年度にエックス線検査を上回った。13年度に内視鏡を選択した人は約4万3千人で、全体の6割を超えている。

市医師会によると、胃がん発見率は、03〜12年度の10年平均でエックス線検査が0・32％であるのに対し、内視鏡検査は0・88％。胃がんのほか、食道がんなどが見つかることも少なくない。

検診の精度を高めるには、診断のダブルチェックも必須だ。市医師会では毎週

1回、内視鏡の専門医が集まり、検査を担当した医師から送られた画像を診断する方法を取っている。

国立がん研究センターが新たなガイドラインを公表した背景には、新潟市で行われた研究の結果、内視鏡検査の受診により、胃がんの死亡率が30％減少することが明らかになったこともあるという。

厚労省の13年度の調査では、胃がん検診で内視鏡検査を取り入れている全国の市区町村は約18％。県健康対策課によると、県内では新潟市のほか、胎内市が実施している。同市は11年度から、50歳以上の対象者はどちらかを選べるようにしている。中条中央病院など市内3医療機関で3500円の自己負担で受診できる。11年度は148人だった内視鏡検査の受診者は、14年度は267人と増加している。

指針改定で、各地の市町村に内視鏡検査が広がるかどうかには、検診の体制整備や財政面などの課題があると指摘されている。市医師会長の藤田医師は「内視鏡を行う医師の数、診断のダブルチェック体制、行政の費用負担など、条件がそろわないと難しい面がある」と話している。

治療に使う医療用麻薬

がんの治療をしている患者で、体の痛みを感じる人は多い。痛みの原因もさまざまだが、一方では「痛みは我慢するもの」という患者の意識は根強い。国が定める現在のがん対策推進基本計画では、がん診断時から、痛みなどに対処する緩和ケアが必要とうたわれている。痛みが治療に悪影響を及ぼすこともあり、専門家は「薬剤などは進歩している。遠慮せずに医師に伝えることが大切だ」と呼び掛ける。

「痛みを我慢する人は多い。がんの進行度と痛みは必ずしも一致せず、痛みを取ることは『最後の手段』ではない」。県立がんセンター新潟病院（新潟市中央区）緩和ケア科の本間英之医師（47）は力を込める。

痛みの原因は、がん自体が組織を壊して起こるだけでなく、抗がん剤の副作用や、治療のために体を動かさないことによる関節痛や筋肉痛もある。がんが神経を刺激し、がんと関係のない部位が痛むことも珍しくない。

痛みを我慢していると、睡眠障害や食欲不振を招いて体力や免疫力が落ちたり、病気と闘う意欲を失ったりして、治療への悪影響が生じてしまう。「治療が中断されるのでは…」といった心配をする患者もいるが、痛みは我慢せずに医療者に適切に伝えることが大切だ。

本間医師は、痛みを説明するポイントとして、（1）どこが（2）どんな時に（3）どんなふうに（4）どのくらい続くのか（5）痛みで困ることは何か―を告げるといいとアドバイスする。

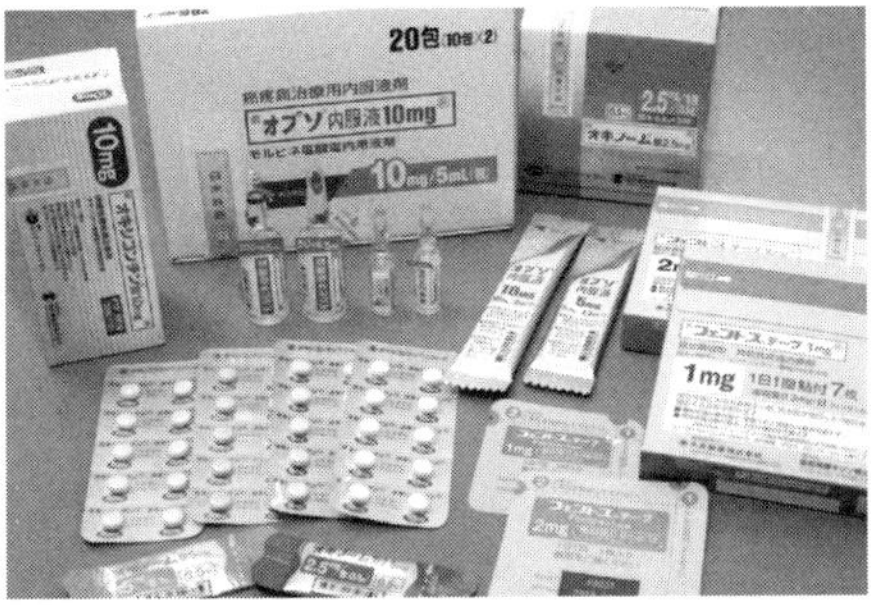

がん患者の痛みの緩和に使われる医療用麻薬。注射剤や飲み薬、貼付薬などさまざまな種類がある

「痛みは治療を進める上でも重要な情報。詳細を伝えることで、医師は原因を探り、薬の選び方も変えられる」と話す。

がんの痛みを取る際、よく使われるのが「オピオイド」と総称される医療用麻薬だ。「モルヒネ」「オキシコドン」などがあり、脳や神経の痛みを感じる部分（受容体）にくっついて痛みを感じなくさせる働きがある。弱いオピオイドの「コデイン」は、がん以外に咳止めとしても処方されている。

ここ数年でオピオイド系の薬物は種類が急速に増え

ている。

がんセンター新潟病院では、液体や錠剤などの飲み薬、注射、貼付薬など約50種類を患者の状態に応じて使い分けている。副作用としては嘔吐《おうと》や眠気、便秘などの症状が挙げられるが、これらを抑える薬を併用することも一般的だ。

ただ、「麻薬」という言葉のイメージもあって、本間医師は「患者側には使い始めたらやめられなくなってしまうのでは、という薬物依存への誤解がある」と指摘する。医療用麻薬について詳しくない医療者もいる。

痛みの緩和には薬物のほか、痛みを発するがんの病巣に放射線を当てる方法や、神経に麻酔薬などを打ち、痛みの伝達を遮断する「神経ブロック」の方法もある。これらをうまく使うことで、医療用麻薬が必要でなくなるケースがあるという。

本間医師は「痛みを和らげる選択肢が広がりつつある。主治医や、病院の緩和ケアチームと相談することが大切だ」と語る。

「先進医療」――重粒子線治療

医療の現場では、がんに打ち勝つための新しい医療技術の研究が日々進められている。患者も大きな期待を寄せる。将来的に公的な保険適用が可能かどうか評価している段階の「先進医療」とは、どのようなものなのだろうか。放射線医学総合研究所（千葉）で、その一端をのぞいた。

千葉市稲毛区にある放射線医学総合研究所（放医研）。世界に先駆けて建設された重粒子線がん治療装置「ＨＩＭＡＣ（ハイマック）」は、それだけでサッカーコート1面ほどの広さがある。放医研内にある重粒子医科学センターでは１９９４年から、ハイマックによってエネルギーを高めた重粒子線治療に取り組んでいる。先進医療として承認されたのは２００３年のことだ。

重粒子線治療は放射線治療の一つだ。公的な健康保険が適用される「標準治療」の放射線治療では、電磁波の一種であるエックス線が主に使われる。これに対し、重粒子線は、

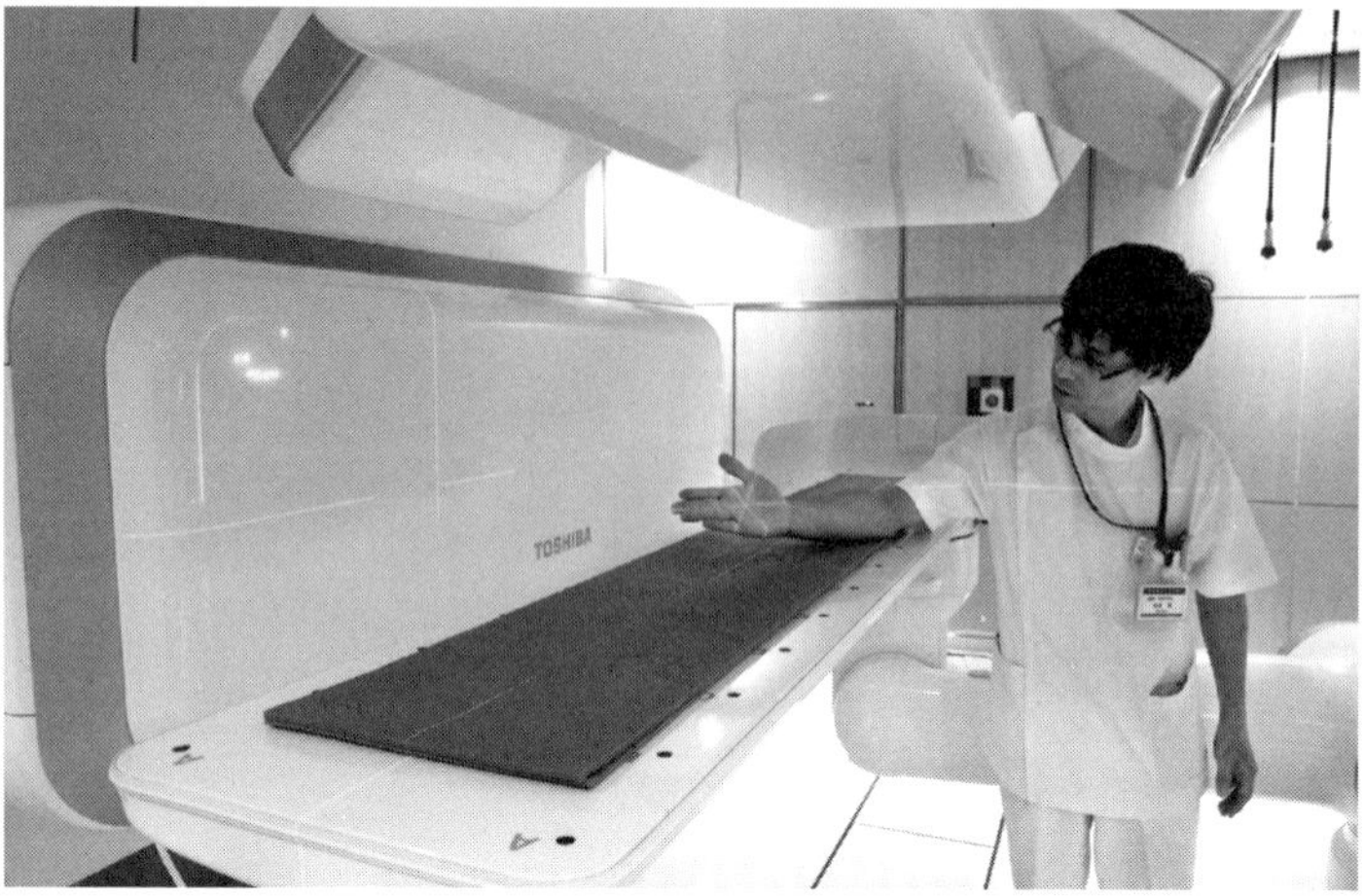

重粒子線の治療照射室。３方向から走る光線が交わる地点が照射地点の目安となる＝千葉市稲毛区

より重くて大きい炭素原子から電子を剥ぎ取った「炭素イオン」を光速の８割まで加速。束（ビーム）にしてがんにぶつける。なお、同じく先進医療となっている陽子線治療は水素の原子核を利用するものだ。

同センターの鎌田正センター長（62）は、重粒子線治療のメリットとして「病巣への集中性と威力の強さ」を挙げる。エックス線は体のごく浅いところで線量が最も強くなり、体内を進むにつれて弱まるが、重粒子線は決まった深さで止まり、そこで強いエネルギーを放つ。同じ線量で比較した場合、がん細胞へのダメージもエックス線や陽子線より2～3倍高いという。

治療室では、患者が可動式ベッドに横た

わり、各自に合わせて作ったプラスチック製の固定具を装着した上で、がんに重粒子線をピンポイントで照射する。1回の治療は2分弱だが、位置合わせに30分以上かけることも。主任放射線技師の田尻稔さん（43）は「3次元のCT（コンピューター断層撮影）画像やエックス線写真を駆使し、0・5ミリ以下の高い精度で位置を合わせている」と話す。

鎌田センター長は「手術できない体の奥にあるがんや通常の放射線が効きにくいタイプの治療に優れ、再発率も低い」と強調する。

照射回数の短縮もメリットに挙げられている。同センターによると、前立腺がんは12回と通常の放射線治療の3分の1ほどで済み、初期の肺がんでは1回だけのこともある。前立腺がんや骨・軟部肉腫、頭頸《けい》部の治療件数が多い。14年度、先進医療の新規登録をした患者は674人。約3割が外来で治療を受けた。

さらに、新技術の研究も進められている。今後垂直・水平の2方向だけでなく、360度任意の方向から重粒子線を照射できる装置も稼働予定。体位を変える必要がなくなり、治療時間の短縮や患者の負担軽減などが期待できるという。

ただ、重粒子線治療は装置の建設だけで約100億円掛かる。患者の費用負担も照射回数にかかわらず、先進医療の部分だけで300万円前後と高額だ。こうしたことが課題となっているが、神奈川県立がんセンター（横浜市）で治療が始まるなど、近年は全国的に新設の動きが目立っている。

鎌田センター長は「拠点となる施設で、治療を必要とする人が受けられる体制づくりが重要だ」と指摘する。

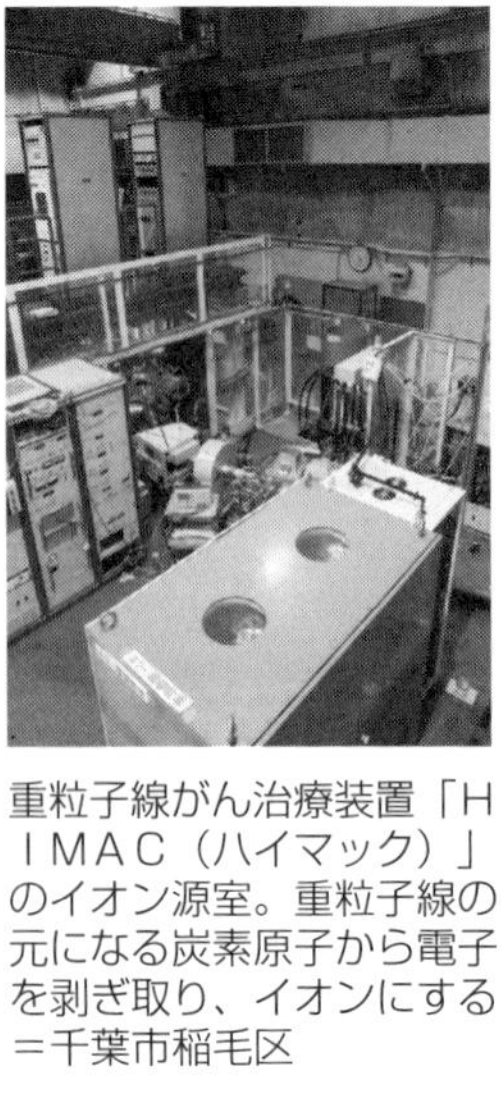
重粒子線がん治療装置「ＨＩＭＡＣ（ハイマック）」のイオン源室。重粒子線の元になる炭素原子から電子を剥ぎ取り、イオンにする＝千葉市稲毛区

先進医療》「先進医療」とは、最先端、最新の治療を単純に表す言葉ではなく、将来的に公的な医療保険の対象とすべきかどうなのか評価している段階の治療のことだ。これに対し、「標準治療」は保険適用され、科学的根拠に基づいて現在推奨される治療を指す。先進医療は厚生労働相が定めており、2015年11月1日現在で108種類が登録されている。

先進医療の制度では例外的に、全額自己負担の自由診療と保険診療を併用する「混合診療」が認められている。先進医療に関わる技術料は全額が自己負担で、それ以外の診察や検査、入院料など通常の治療と共通する部分は保険が適用される。保険診療の部分は、月ごとの患者負担に上限を設ける高額療養費制度を利用することもできる。

先進医療は高度な医療技術が必要なため、それぞれの治療ごとに一定の施設基準が設けられており、医療機関から厚生労働省への届け出や承認が必要。実施している医療機関は治療実績などの定期的な報告が義務付けられている。保険適用をめぐっては診療報酬改定の際に、有識者でつくる先進医療会議が医療技術の有効性や安全性、普及性や費用対効果などを審査して決定する。

重粒子線治療》　国内では15年11月現在、重粒子医科学センターのほか、群馬大学重粒子線医学研究センター（前橋市）、兵庫県立粒子線医療センター（たつの市）、九州国際重粒子線がん治療センター（佐賀県鳥栖市）の4カ所で実施。原則として過去にも放射線治療を受けている場合や、他の治療法が確立されている症例などは先進医療の適用対象外となる。胃や腸のように不規則に動く臓器や血液のがんは不向きとされる（重粒子線治療は16年度診療報酬改定で一部の治療が保険適用になった）。

口内炎や感染症起こす恐れ　―重要な口腔ケア―

健康な人はもちろん、がん患者にとって口腔《こうくう》ケアは重要だ。化学療法の影響で重い口内炎になったり、口の中の細菌が原因で肺炎などの合併症にかかったりすることが少なくないからだ。県内でも近年、がんの治療に当たる主治医と歯科医との連携が重要視されている。

「呼吸や食事をする口は命の源。ケアをおろそかにすると、治療の成功率が下がることもあります」。がんと口腔環境に詳しい日本歯科大新潟生命歯学部（新潟市中央区）の田中彰教授（51）は強調する。

口内炎（口腔粘膜炎）は、抗がん剤治療の副作用として多くみられる。約4割の患者に発症するとされ、痛みで食事が取れず、栄養不足に陥ることもある。ひどい場合は、がん治療の中断や、薬の変更を余儀なくされることがある。

さらに、怖いのが口の中の細菌だ。歯垢《こう》1ミリグラムには約1億個の細菌が存在するとされる。細菌が侵入すると、肺炎や敗血症などの感染症を引き起こす。

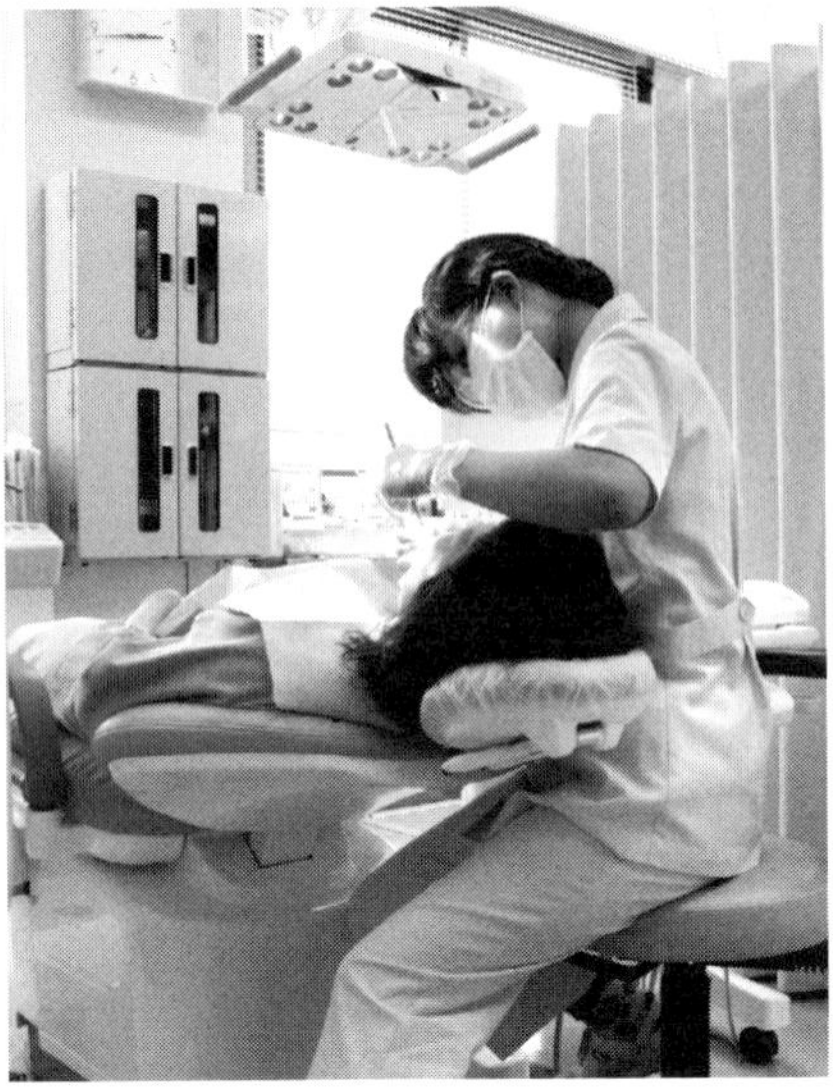
歯のクリーニングを受けるがん患者＝新潟市中央区の県立がんセンター新潟病院歯科口腔外科

また患者は一般的に、痛みなどから口呼吸になったり、薬の影響を受けたりして、口の中が乾燥しがちだ。自浄作用のある唾液が少ないと汚れがたまり、細菌の温床となる。患者は治療で免疫力が下がっているため、口内炎や感染症だけでなく、虫歯や歯周病にもなりやすい。

「口腔ケアの基本は、歯磨きで汚れを落とし、細菌を減らすこと」と田中教授。歯垢が取りにくい部分や歯石は歯科でクリーニングしてもらう。乾燥を防ぐには、頻繁にうがいをし、専用の保湿剤を使う。

治療前から口の中の細菌を少なくしておけば、口内炎や感染症などのトラブルを防ぐことができる。

県立がんセンター新潟病院（新潟市中央区）歯科口腔外科では、がん治療の主治医と連携し、患者の口腔ケアに取り組む。

数日後に手術を控えた食道がんの女性（71）は歯のクリーニングを終え、「安心して手術に臨めます」と話した。口腔ケアは退院後も重要となる。歯科衛生士は歯の磨き残しがないか確認し、ブラッシングも指導した。

口腔ケアが手術後の合併症発症を抑え、事前のケアをしない場合と比べ在院日数も少ないことは、県内外の病院の調査でも明らかになっている。頭頸部《けいぶ》のがんでは、手術後の合併症発症率は口腔ケア未実施の場合が64％、実施した場合は16％に抑えられたというデータもある。

田中教授は「がんの治療前後に歯科医の診察を受けることが大切。医療スタッフ側も必要性を認識し、口腔ケアをさらに広げてほしい」と語る。

進む医科歯科連携

県歯科医師会は２０１２年から、県立がんセンター新潟病院などと連携し、がん患者が地元の歯科で口腔ケアや歯科治療を受けられる体制づくりを進めている。

歯科医が、がんの基本的な知識や化学治療の影響について学ぶ講習会を実施。受講した医師を「がん医科歯科連携事業登録医」として、県歯科医師会のホームページ（http://www.ha-niigata.jp/）に掲載している。

県歯科医師会によると、15年3月現在の登録者は２５６人で全会員の22・５％。荒井節男常務理事は「2、3年のうちに登録率を50％に引き上げるため、啓発に取り組みたい」とする。

一方、地元の歯科医が、がん患者を直接受け入れるには難しい面も多い。患者の全身状態の把握などが必要で、専門的な知識が求められるからだ。がん治療の主治医との情報共有が欠かせない。

がん医科歯科連携事業登録医の制度創設にも携わった田中教授は「がんの主治医と歯科医、患者をつなぎ、歯科診療についてマッチングが図れる一層の仕組みづくりが必要だ」

としている。

予防や緩和リハビリ

がんそのものや、手術など治療に伴って身体に生じるさまざまな障害の予防や緩和を目的にした「がんリハビリテーション」が注目されている。治療の進歩で、がんであっても通常に近い生活が送れる患者が増えていることが背景にある。

「左足から一緒に動かしましょうね」。信楽園病院（新潟市西区）の病室で、理学療法士の助川由佳さん（40）が高齢の女性に声を掛けた。

女性は数日前、消化器系のがんの手術を受けた。退院を目指し、術後の体力低下を抑えるためのリハビリだ。足を曲げたり伸ばしたりする運動をサポートした。助川さんは「患者さんは、痛みによる体調や気持ちの変化も出やすい。そうしたことに寄り添えるよう心掛けている」と話す。

がん患者のリハビリでは、手術や放射線などの治療による合併症の予防や機能障害の回復など、それぞれの病状に合わせ、運動療法や日常生活動作の指導をする。

信楽園病院では、手術後に歩行訓練や体に負担の少ない筋力トレーニングなどを実施。手術の前にも、術後にたんがたまって肺炎になるのを防ぐための呼吸訓練を勧めている。患者は自宅で、深い呼吸ができるようにする訓練用の器具を使ってトレーニングし、入院に備える。

同病院外科部長の角田和彦医師（47）は「リハビリに取り組んだ患者は、治療後の機能障害や運動能力の低下が最小限に抑えられている」と、効果を語る。一方では、がんリハビリについて、まだあまり知られておらず、拒まれる場合もあるという。症状が悪化してから、意義を説明して取り組んでもらうことは難しく、角田医師は「初期から継続的に介入していくことが大切だ」とする。

退院を目指すがん患者にリハビリテーションを行う理学療法士＝新潟市西区の信楽園病院

終末期のがん患者に対して、ＱＯＬを高めることなどを目的にした緩和的なリハビリも重要だ。

柏崎総合医療センター（柏崎市）のリハビリテーション科技師長で、県作業療法士会の横田剛会長（52）は「積極的な治療ができなくなった患者さんでも、リハビリは続けることができる」と説明。気持ちが前向きになり、身体機能の向上につながったり、精神面の支えになったりするという。

同センターでは骨転移のある患者らに、骨折しにくい起き上がり方や、痛みを和らげるための軽い運動などを指導。絵や手芸など創作活動も取り入れている。

がん患者へのリハビリは、2010年度の診療報酬改定で「がん患者リハビリテーション料」が新設されたことにより、実施する病院が増えた。ただ、保険適用は入院期間中に限られている。そのため、通院しながらのリハビリは難しく、退院後の継続性などが課題となっている。

広がる「がん教育」

生涯のうち2人に1人がかかると推測されるがんについて、学校現場で教える「がん教育」の取り組みが全国的に始まっている。予防や早期発見などの知識を身に付けるほか、患者らへの理解を促し、健康や命の大切さを主体的に考える力を育むのが狙いだ。

2016年12月に成立した「改正がん対策基本法」にも、がん教育の推進は盛り込まれた。県は17年度から順次、各校でがん教育が強化できるよう準備を進めている。

「ある日突然がんと言われたら、どうなると思いますか?」。長岡市の東中学校。3年生約140人を前に、出雲崎中の中林左知男校長(58)が語り掛けた。生徒は「信じられないかも」「恐怖に襲われそう」などと、率直な思いを口にした。

長岡市東中でのがん教育の授業。がんを経験した出雲崎中の中林左知男校長が体験を語った＝長岡市水道町5

中林校長は05年春、腹痛から精巣がんと分かった。半年間休職して抗がん剤治療と手術を受け、職場復帰した。闘病中は家族に支えられ、信頼できる医師にも出会えたといい、「がんになっても前向きに考え、徹底的に調べて闘うことが大切です」と力を込めた。

東中は、県などが16年度に選定した小中高校1校ずつ計3校のモデル校の一つだ。3年生を対象に3回にわたって授業し、この日が最終回。

高野心陽《みはる》君（15）は「病気になっても知識があれば対処できる。食事や禁煙など気をつけ、将来がんにならないような生活をしたい」と感想を話した。

がん専門医が現在の治療法を説明する回もあった。小鈴かおる養護教諭（39）は「がんの理解にとどまらず、生き方まで考えが広がった」と手応えがあったとする。

現行の学習指導要領では、がんは喫煙や生活行動が関わる病気の一例としての記述にとどまる。がん教育が不十分だとして、12年に国が策定した「がん対策推進基本計画」は、5年以内にがん教育の在り方を検討し、教育活動を実施することを目標に掲げた。これを受けて文部科学省は17年度以降、全国のモデル校の成果などを踏まえたがん教育の全国展開を目指している。

がん教育の具体的な内容として、文科省の検討会がまとめた報告書では、がんの要因や予防、患者への理解と共生などを挙げる。保健体育科を中心に、学校の実情に応じ、教育活動全体を通じて行うことを推進する。専門医や経験者ら外部講師の参加も勧める。

県保健体育課は、他校に参考にしてもらうため、モデル校それぞれの授業内容やがん教育の進め方などを紹介するリーフレットを16年度内に配布。同課の脇川恭子指導主事（48）は小学校では1時間、中学と高校では2時間を目安に授業時間を充ててほしいとし、

「多くの学校に広がるよう周知と支援を進めたい」と説明する。

子どもへ配慮必要

がん教育の実施には、家族ら身近な人に患者がいる児童生徒への配慮や、外部講師の確保など課題もある。長岡市で教職員向けの研修会が初めて開かれた。

研修会には養護教諭を中心に約200人が参加した。がん教育の実情に詳しい日本女子体育大学の助友裕子准教授は子どもへの配慮について、事前に学校便りや保護者会で周知し、教員も当事者に個別に伝え、理解を得ることを助言した。

授業中、「つらければ外に出てもいい」と呼び掛ける学校もあると紹介。子どもが「病気は自分のせいではないか」「がんがうつるのでは」といった不安を抱えていることがあるとし、「正しい知識を教えることも大切だ」と述べた。

一方、がん経験者ら外部講師の確保も課題の一つだ。モデル校の一つで講師を務めた、がん経験者の一人は「真摯《しんし》に聞いてくれたことはうれしかったが、つらいことを思い出し、精神的負担も感じた」と明かす。

県保健体育課の脇川恭子指導主事は、学校現場に「つらい経験を話してもらうことへの理解と配慮をしてほしい」と求める。

全国の先進地では「いのちの授業」として患者会による出前授業も行われている。こうした現状を踏まえ、県内の患者会からは、発言内容が学習目標にそぐわなかったり、誤解や戸惑いを与えたりしないよう、講師に出向く人向けに研修の場を設けてほしいとの声も聞かれる。

がん教育を巡る動き≫

「がん対策推進基本計画」を受け、文科省は2014～2016年度、全国各地でがん教育のモデル事業を行い、初年度は21自治体の70校、16年度は本県を含む26自治体の137校で授業が実施。有識者でつくる検討会が15年3月、教育目標や内容などについての報告書をまとめた。16年4月には、文科省が指導教材と外部講師活用の手順や留意点を示すガイドラインも作成し、公表している。

リスクを減らそう

がんは、誰でもかかる可能性がある一方、生活習慣や環境が大きく関わることも指摘されている。がんになるリスクを減らすには、日常生活の中でどういった点に気を付けたらいいのだろうか。公益財団法人がん研究振興財団（東京）が公表している「がんを防ぐための新12か条」を基に、県内の専門家からその理由などを解説してもらう。

▽嗜好品、食生活

第1条にある喫煙は、本県で最も死亡数が多い肺がんをはじめ、胃がんや膵臓《すいぞう》がん、子宮頸《けい》がんなどのリスクを上げることが「確実」とされている。表現も以前の「吸わないように」から「吸わない」に強まっている。

■ がん予防のために ■

1条　たばこは吸わない
2条　他人のたばこの煙をできるだけ避ける
3条　お酒はほどほどに
4条　バランスのとれた食生活を
5条　塩辛い食品は控えめに
6条　野菜や果物は不足にならないように

出典：公益財団法人がん研究振興財団「がんを防ぐための新12か条 2015」

新潟大医学部保健学科の関奈緒教授（52）は「たばこに含まれる発がん物質は50種類以上といわれる。血中に入り込み、全身に影響を与えてしまう」と話す。県によると、２０１５年の本県の成人喫煙率は20・３％（速報値）。男性は減少傾向にあるが、女性は横ばいが続く。県がん対策推進計画が掲げる目標値は16年に18％だ。

▽歯磨きで代用

禁煙したい人のために、外来を設ける医療機関や、相談支援をする薬局も増えている。「吸いたくなる状況を自分で分析し、食後のたばこ代わりに歯磨きをするなど、習慣を変えることも大切」と関教授。

他人のたばこの煙を吸う受動喫煙を避けることも、重要だ。国立がん研究センター（東京）は16年８月末、受動喫煙が肺がんのリスクを約１・３倍に上げるとの研究結果を公表した。関教授は「建物内禁煙など、容易にたばこを吸えない環境づくりは、喫煙者・非喫煙者双方のために必要」と力を込める。

第３条では節酒を呼び掛けている。県立がんセンター新潟病院内科部長の加藤俊幸医師（65）は「男性のがんの約10％、女性の約３％は飲酒に原因があるとされる。大切なのは、飲みすぎないこと」と語る。

アルコールや、アルコールの分解過程で発生するアセトアルデヒドには発がん性が認められている。食道がんや咽頭《いんとう》・喉頭《こうとう》がん、肝臓がんなどのリスクを高めるほか、乳がんや大腸がんとの関連も指摘されている。

目安は「アルコール量換算で1日23グラムまで」。日本酒で1合、ビールは大瓶1本、ワインならボトル3分の1程度だ。1日の平均摂取量が23グラム未満の人に比べ、46グラム以上を摂取する人は40％程度、69グラム以上の人は60％程度、がんになるリスクが上がるという。

特に、酒を飲むと顔が赤くなる人は、アセトアルデヒドを分解する酵素の働きが弱く、注意が必要だ。大量飲酒に喫煙が重なると、食道がんのリスクは跳ね上がる。「昔は顔が赤くなったが、ならなくなった」「次の日も酒臭い」という人も要注意だそうだ。

加藤医師は「週1回は48時間以上休むことで肝細胞が再生しやすくなるとされる。休肝日を設けてほしい」と言う。

▽乳製品忘れず

食生活のバランスについて、県栄養士会会長で新潟医療福祉大の入山八江准教授（65）は「米などの主食と、肉や魚の主菜、野菜中心の副菜を組み合わせた食事が大切」と説明する。また、どこか1食に、牛乳か乳製品を組み込むようアドバイスする。

胃がんなどのリスクを上げる塩辛い食べ物を控えることも心掛けたい。本県はもともと塩分摂取量が多く、1日当たりの成人の平均食塩摂取量は男性11・2グラム、女性9・4グラム（15年、速報値）。全国的な目標の男性8グラム未満、女性7グラム未満とはまだ差がある。

「みそ汁なら具だくさんにして汁を減らす。だしを多めに使うことでも、おいしさと減塩を両立できます。漬物や魚卵など、新潟の豊かな食文化は守りながらも、頻度や量を考えて食事を楽しんで」と入山准教授。

野菜や果物は欠かさないようにしたい。さまざまなビタミンやミネラルが含まれ、中でもカリウムには塩分の排せつを促す働きもある。厚生労働省などが掲げる目標は「野菜で1日350グラム、果物は200グラム」となっている。野菜は小鉢など5皿分、果物は梨なら1個、ミカンなら2個が目安という。

▽運動、検診

第7条は「適度に運動」となっている。国立がん研究センターの研究報告によると、男性は結腸、肝臓、膵臓《すいぞう》がん、女性は胃がんで、身体活動量が多い人ほど発症リスクが下がるとされている。

ところで「適度」とは、どのくらいを指すのだろう。厚生労働省は、体力維持のために行うスポーツなどの「運動」と、家事や階段の上り下りといった日常生活での活動を合わせた「身体活動」について基準を示している。18~64歳の場合、「歩行または同等以上の強度」の身体活動を毎日60分行うことに加え、「息が弾み、汗をかく程度」の運動を毎週60分行うことを推奨する。

だが、運動を継続することはなかなか難しい。2015年の県調査では、30分以上の運動を週2回以上、1年以上続ける20

■ がん予防のために ■

- **7条** 適度に運動
- **8条** 適切な体重維持
- **9条** ウイルスや細菌の感染予防と治療
- **10条** 定期的ながん検診を
- **11条** 身体の異常に気がついたら、すぐに受診を
- **12条** 正しいがん情報でがんを知ることから

出典：公益財団法人がん研究振興財団「がんを防ぐための新12か条 2015」

歳以上の男女は、ともに約3割にとどまる。

県健康づくり・スポーツ医科学センターの健康運動指導士、五十嵐美歩さん（24）は「運動で肝心なのは1日の合計時間。テレビを見ながらのストレッチや、家事で足腰を動かすといった〝細切れ〟でも効果がある。積極的に体を動かしてほしい」と助言する。

適切な体重を維持することも重要だ。

体重管理の目安となるのが体格指数（ＢＭＩ）。体重（キロ）を身長（メートル）の2乗で割った値で、一般的に22が「標準」、25以上が「肥満」、18・5未満が「低体重」と判定される。がんは太り過ぎでも痩せ過ぎでも死亡リスクが高まることが示されており、目標値は男性は21～27、女性は21～25。五十嵐さんは「痩せ志向が広がっていますが、本当に減量すべきか一考を」と言う。

▽ピロリ菌除去

生活習慣以外に、がん発生の主な原因とされるのがウイルスと細菌感染だ。

本県で罹患《りかん》が多い胃がんは、胃粘膜にすみ着くヘリコバクター・ピロリ（ピロリ菌）が、肝臓がんはＢ・Ｃ型肝炎ウイルス、子宮頸《けい》がんはヒトパピローマウイルス（ＨＰＶ）がそれぞれ関わることが明らかになっている。

県立がんセンター新潟病院名誉院長で、県保健衛生センター副理事長の横山晶医師(68)は「日本人のがんの約20％はウイルスや細菌の感染が原因とされる。いずれも感染状態が長期間続くとリスクが高まる」と指摘する。

感染の有無は医療機関などで検査でき、ピロリ菌と肝炎ウイルスは薬を使った除去治療ができる。20～30代に増えている子宮頸がんも、ＨＰＶの感染が早いうちに分かれば、がんになる前に病変を見つけて切除などをすることが可能だ。

▽正しい知識を

こうした発症自体を防ぐ「1次予防」のほか、検診などによって早期発見、治療につなげる「2次予防」も肝心だ。

市町村や職場で実施される検診は胃、肺、大腸、子宮(頸部)、乳房の五つが基本。13年の厚労省の調査では、本県の受診率は胃51％、肺54％、大腸45％、子宮46％。乳房50％となっており、未受診者への啓発が課題だ。

国立がん研究センターの研究班が２０１６年に初めて公表した部位別の10年生存率で見

ると、肺を除く四つのがんでは診断時に早期の1期だった場合、生存率はいずれも90%台、肺がんも69%となっている。

県健康対策課の堀井淳一課長(52)は「症状がなくても、定期的に検診を受け続けることが大切だ」と強調する。

がんが疑われる体の異変があったら、医療機関を受診したい。「まずはかかりつけ医に相談してほしい」と横山医師。

現代社会では、がんの予防や治療を巡るおびただしい情報が氾濫している。そうした中、正しい知識を得ることも重要だ。国立がん研究センターでは「がん情報サービス」のサイト(http://ganjoho.jp/)で科学的根拠に基づいた予防法やがんの基本情報を発信している。横山医師は「医学的な裏付けのある情報を参考にしてほしい」と話す。

がんを防ぐための新12か条》

がん研究振興財団が提唱。国立がん研究センター(東京)が1978年にまとめた「がんを防ぐための12か条」を踏まえ、2011年に大幅に改定、15年にも一部が改められた。日本人を対象とした疫学調査やその後の研究で明らかにされた科学的根拠に基づいており、ライフスタイルの見直しを呼び掛けている。

インタビュー

がん患者の就労について

国立がん研究センター　がんサバイバーシップ支援研究部長　高橋　都さん

＜たかはし・みやこ＞岩手県出身。１９８４年、岩手医大卒。東大大学院講師、独協医科大准教授を経て、２０１３年４月から現職。１４年に厚生労働省が設けた「がん患者・経験者の就労支援のあり方に関する検討会」で構成員を務めた。

—がん患者の就労を取り巻く現状は。

厚生労働省の推計では、働きながら通院している人は約32・5万人。治療を終えたがん経験者を含めれば数はもっと膨らむ。本当は働けるのに、がんに対する誤ったイメージで仕事を辞めざるを得なかったり、自分から退職したりする人がいる。こうした状況をなくしたい。

企業は近年、メンタルヘルス対策には力を入れているが、がんのように業務とは直接関係がない病気やけがをした人への支援は遅れがちだ。

―企業には何を求めますか。

企業はがんになった従業員がずっと働けないのか、待てば職場に戻れるのかを、がんのイメージに左右されずに見極めてほしい。経営余力が少ない中小企業こそ、正確な情報収集が大切。がん診療連携拠点病院に設けられている「がん相談支援センター」で基本知識を学ぶのも手だ。

十分に働けない時期があっても、次第に働く力が戻ってくる場合も多い。2、3カ月ごとにどういった配慮が必要かを、本人と確認していくことが重要だ。過度な配慮は本人の就労意欲をそぎ、同僚らの納得も得られない。

―拠点病院の指定要件として、相談支援センターで就労に関する相談に乗ることが盛り込まれています。

就労支援は広い意味では家庭が立ち行くかどうかの支援ということになる。全国のセンターが支援の在り方に悩んでいるが、公的制度や生活支援のサービスなどを紹介するのも一つだ。地域の情報が集まるセンターには、これらの間接的な支援を期待したい。他県ではセンターに社会保険労務士を配置している事例もある。

―行政には何を求めますか。

まずは自治体が、がん患者の就労について全体像を把握することだ。東京都や島根県などでは、患者と事業所を対象にした実態調査をしている。企業や産業の状況はその土地で異なる。行政は企業にも発信力があり、関係者の動きを調整できる立場。状況に応じて企業への情報提供や医療機関との橋渡しができるのではないか。

がん患者の新規就労について、ハローワークと拠点病院が連携して支援する事業も全国各地で始まっている。

――患者へのアドバイスはありますか。

配慮をしてもらった方がきちんと働ける場合は、「通院が必要」「重い物は持てない」など自分でしっかりと会社に伝えた方が無理なく働きやすいだろう。

以前の働きぶりに縛られず、ハードルが低すぎると感じても自信が持てる範囲で仕事を始めてほしい。一方で働き始めたら、周りに助けてもらおうという意識だけではなく、「こういう配慮は必要だが、これはできる、負けない」とアピールすることも大切だ。がんと仕事に関する体験談なども冊子にまとめられているので、ぜひ参考にしてほしい。

がん対策基本法10年について

厚労省がん対策推進協議会長・がん研有明病院名誉院長　門田 守人さん

　2006年にがん対策基本法が成立したのは、「納得できる治療を受けたい」と訴え続けた患者たちの存在が大きい。そうした声が高まっていたところに、山本孝史参院議員（故人）ががんであることを公表したことで、政治の世界を一気に動かした。

　患者にとって、日本のどこで暮らしていても、科学的な根拠に基づいた「標準治療」を受けられることが大切だ。がん対策を進める基本計画でも、そのための医療体制の構築を掲げている。その結果、新潟をはじめ全国各地にがん治療の中核を担う拠点病院が設けられた。また、外科医が主体だった治療体制の中で、放射線や化学療法の専門医が増えていった。

　基本計画では「すべてのがん患者と家族の苦痛の軽減」も重要な目標とした。徐々に「緩和ケア」が進み、病気を治すだけではなく、身体や心の痛みを和らげることにも力が注がれるようになった。この10年の大きな変化と言えるだろう。

がん対策を有効なものにする上で、大きな課題は患者数の正確な把握だったが、13年に「がん登録推進法」が成立した。病院や診療所が患者数を都道府県に届けることは任意だったが、16年1月から義務化となった。

死亡者を減らすために、国は「5年生存率」といった数字上の目標を掲げている。だが、これはデータに過ぎず、どんなに苦しんだとしても長く生きれば、目標を達成したことになる。果たしてそれだけでよいのか。どんな治療を受け、人生の幕を下ろしたいかということを考える教育も必要になるだろう。

私ががん対策で重要だと訴えているのは「虫の目・鳥の目・魚の目」という視点だ。虫の目はきめ細かく物事を捉えること、鳥の目は俯瞰《ふかん》すること。この二つは施策にも盛り込まれている。

今、欠けているのは「魚の目」だ。潮流を読むという意味で、がん対策を今後の時間軸の中で捉えるということ。増え続ける医療費の問題などを考慮しながら、持続可能な施策を展開することが求められている。そのためには、国民一人一人ががんという病気を「自分のこと」として考えることが大事になるだろう。

全国がん患者団体連合会理事長　天野　慎介さん

われわれ患者にとって、がん対策基本法ができたことで前進したことはたくさんある。その一つが、全国各地に拠点病院が整備されたことだ。患者はどこに住んでいようと、身近に専門医がいるという仕組みが整った。法ができたことで、「救える命を救う」という患者や家族の大きな願いに、ようやく道筋が付いたと言える。

がん対策推進基本計画も作られた。だが、２００７～11年度の1期目は、医療体制の構築など、患者の身体と精神面をサポートすることが中心だったと思う。とても大切なことだが、患者を社会的に支える視点が欠けていた。そこで、患者団体が要望を重ね、12～16年度の2期目計画の重点目標として「がんになっても安心して暮らせる社会の構築」が新たに掲げられた。治療と仕事の両立といった就労対策も盛り込まれた。抗がん剤はまだ高額で、患者にとって経済的な負担はとても大きい。国が患者の暮らしの支援に乗り出したことは評価したい。

この10年で患者を支えるための体制作りというハード面はだいぶ整ってきたように思う。だが、施策の実行率といったソフト面を見てみると課題は多い。

その一つが、拠点病院までの距離の問題だ。全国各地に拠点病院が整備されたが、都道府県によって地理的な事情は異なる。新潟県は中山間地が多い上、積雪の問題もある。特に冬の間は拠点病院まで通えないという人も多いだろう。私がよく仕事で訪れる沖縄県は離島が多い。拠点病院どころか総合病院も少なく、医師の数も圧倒的に不足している。患者の目線からすると、まだまだ「がん治療の均てん化」とは言えない現実がある。標準治療の実施率も大きな課題だ。メンタルどころか身体の苦痛の軽減ができていない面もある。

がんの種別ごとにある全国の患者団体が一丸となって活動しようと、15年5月に全国がん患者団体連合会（全がん連）を設立した。われわれの一番の願いは、今も根強い偏見の解消だ。「がんは治らない」と言われ、傷付いている患者は多い。正しい知識を広めることで、患者や家族が安心して暮らせる社会を実現していきたい。

データ編

罹患率　全国順位

新潟県で新たにがんと診断された人の割合（罹患率《りかん》）は、胃がんが全都道府県の中で男性2位、女性7位と高く、肝臓がんは男女とも最も低い47位など、部位別に大きな差がある＝表参照＝。全部位のがんを合わせた本県の全国順位は、男性が17位、女性26位だった。

国立がん研究センター（東京）が2016年6月末に公表した12年のがん推計を基に分析した。全都道府県のデータがそろったのは初めてで、高齢者が多いなど人口構成の偏りを調整した「年齢調整罹患率」（人口10万人当たり）で比較した。

胃がんの罹患率の高さは塩分摂取量の多さなどが要因とみられる。食道がんも男女とも順位が高い。

肝臓がん（肝内胆管を含む）は従来、西日本で罹患率が高く、逆に北日本では低い傾向が指摘されてきた。本県

主ながんの罹患率 本県の全国順位

部位	男	女
胃	2位	7位
食道	5位	10位
乳房	―	14位
すい臓	19位	32位
大腸	24位	20位
肺	22位	28位
前立腺	34位	―
子宮	―	38位
肝臓・肝内胆管	47位	47位

※国立がん研究センターの資料を基に対人口10万人の数値を比較

で12年に肝臓がんと診断された人は男性３０３人、女性１６７人。全国で最も低い罹患率について、専門家は「肝炎ウイルス感染者がもともと少ないことが影響しているのではないか」とみる。

今後、地域の特徴を踏まえた予防対策が重要となりそうだ。県健康対策課は「胃がんの多さは以前から認識し、減塩運動に力を入れてきた。胃を含めたがん対策を引き続き、進めたい」としている。

本県で12年にがんと診断された人（上皮内がんを除く）は男性１万２２８人、女性

がん全部位の罹患率

順位	男		順位	女	
1	秋田	530.7	1	東京	345.3
2	和歌山	495.4	2	石川	321.7
3	石川	493.6	3	福岡	320.6
4	鳥取	492.0	4	鳥取	318.6
5	東京	478.4	5	秋田	316.8
6	島根	477.8	〃	広島	316.8
7	広島	473.7	7	長野	315.8
8	福岡	473.1	8	愛媛	313.7
9	京都	465.7	9	宮崎	310.9
10	富山	460.9	10	北海道	310.4
11	岡山	460.2	11	青森	309.9
12	山形	456.9	12	岡山	307.8
13	長崎	456.4	13	富山	304.7
14	青森	455.2	14	京都	302.8
15	愛媛	455.1	15	山形	301.0
16	岐阜	453.5	16	福井	300.2
17	新潟	452.9	17	大阪	299.2
18	大阪	451.3	18	三重	299.1
19	兵庫	448.7	19	香川	298.5
20	北海道	446.8	20	和歌山	298.3
21	長野	445.4	21	静岡	296.4
22	佐賀	444.3	22	宮城	294.9
23	奈良	442.6	23	岐阜	294.6
24	香川	442.1	24	長崎	294.1
25	宮城	437.6	25	奈良	292.8
26	山口	433.5	26	新潟	289.4
〃	大分	433.5	27	滋賀	288.8
28	宮崎	432.6	28	島根	286.3
29	静岡	430.4	29	群馬	283.7
30	三重	430.0	30	佐賀	282.1
31	福島	423.0	31	栃木	280.3
32	岩手	419.8	32	熊本	279.4
33	福井	419.3	33	福島	279.2
34	栃木	415.7	34	兵庫	278.7
35	群馬	412.6	35	岩手	278.0
36	愛知	407.0	36	愛知	277.4
37	山梨	406.8	37	徳島	275.6
38	熊本	405.9	〃	高知	275.6
39	滋賀	405.2	39	大分	273.1
40	埼玉	402.4	40	山口	269.7
41	高知	399.6	41	茨城	267.8
42	徳島	392.2	42	沖縄	262.2
43	茨城	389.2	43	山梨	261.9
44	沖縄	373.6	44	埼玉	260.4
45	神奈川	358.5	45	神奈川	245.9
46	千葉	339.8	46	千葉	234.2
47	鹿児島	315.7	47	鹿児島	209.3

※国立がん研究センターの資料を基に作成（対人口１０万人）
※精度は都道府県ごとに差もある

6964人。亡くなった人は男性4706人、女性3140人。

全国比較 新潟県の特徴

がんと診断された患者の割合について、全国推計を「100」として比較した場合、本県の数値は男性が102・2、女性は95・7。死亡した患者の割合を同様に比べると、男性103・2、女性97・3となる（地図参照）。どちらも男性の数値が女性を上回っている。全国的な分布では罹患《りかん》、死亡ともに日本海側で高い傾向がみられた。

本県のがん統計に長年携わってきた県立がんセンター新潟病院（新潟市中央区）の小越和栄参与（81）は国立がん研究センターが公表した今回のデータについて、「都道府県ごとの精度が大きく異なっており、あくまで参考として捉えてほしい」と指摘。その上で、がんの発症には食生活や運動習慣などが影響していることから、「罹患、死亡ともに減らすには、生活習慣を改善し、検診で早期発見につなげる取り組みが大切だ」と強調した。

データを分析すると、同じ都道府県の中でも、部位ごとに傾向が異なることも明確になった。本県では以前から、胃がんが多いといわれてきたが、男性の罹患率は秋田に次いで全国2位、女性は7位の高さだった。

本県での12年の胃がん罹患数は男性が2485人、女性1101人。全部位で男女合計の罹患総数のうち約2割を占めた。亡くなった人は、女性は部位別で大腸（結腸、直腸）に次いで多い465人。男性は肺がんに次いで多い824人。

がんセンター消化器外科の藪崎裕医師（56）は「ヘリコバクター・ピロリ（ピロリ菌）の感染に、塩分の多い食事や過度の飲酒、喫煙といった環境因子が加わるとリスクが高まる」と話す。全国的な分布でも患者は東北地方や日本海側に多

《がん罹患の分布》

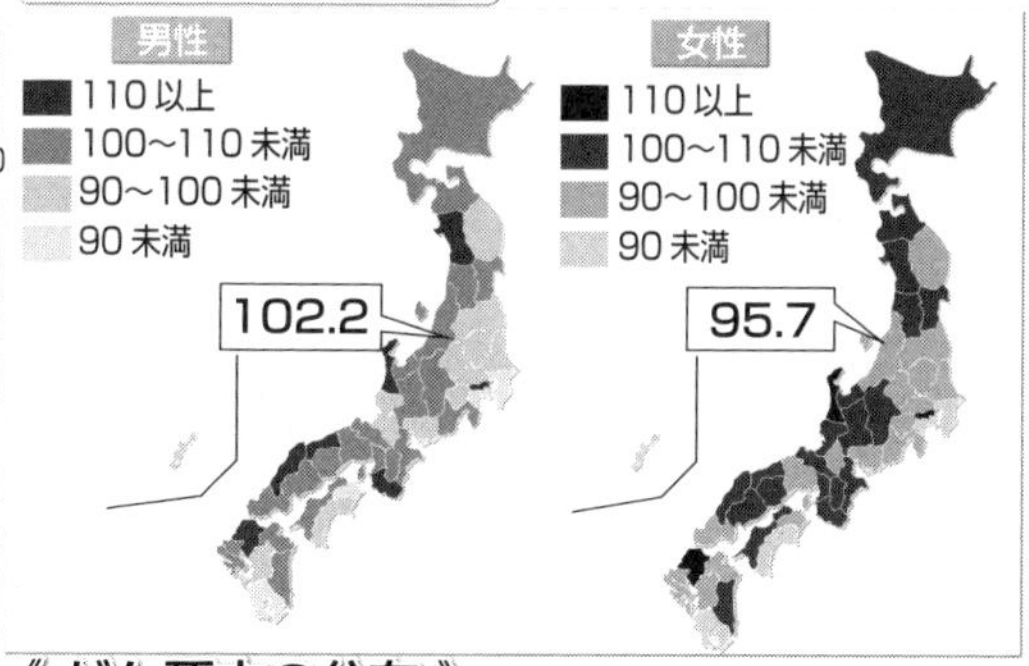

《がん死亡の分布》

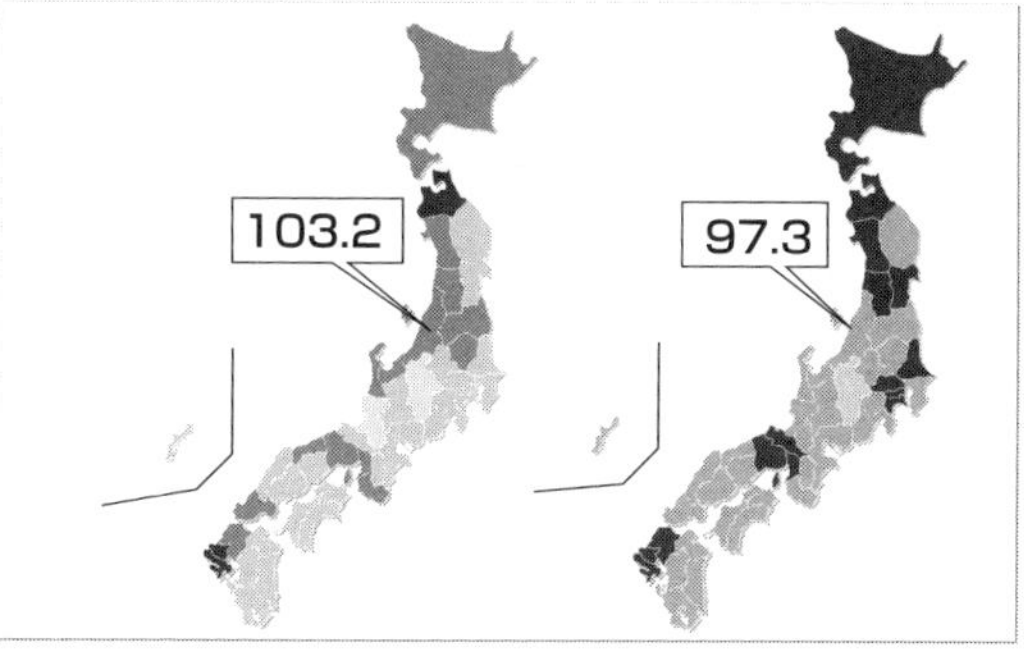

※全国を100とし、都道府県ごとに算出。国立がん研究センターの資料を基に作成

く、原因となるピロリ菌の感染や塩分摂取量が多い地域と一致する。

塩分摂取量を減らそうと、本県では09年度から、官民挙げての「にいがた減塩ルネサンス運動」に取り組んでいる。1日の平均食塩摂取量は、1977年度の18グラムから11年度は10・4グラムまで減少したが、全国平均を依然として上回る。国が示す目標値は男性8グラム未満、女性7グラム未満だ。

また、胃がんの早期発見に向け、新潟市は国に先立つ03年度から、検診で内視鏡検査を選択できるようにしている。長岡市や燕市など、ピロリ菌検査を始める自治体も徐々に増加。藪崎医師は「本県の胃がん検診は精度が高い。見逃しが少ないために罹患率を押し上げている側面もあるのでは」と推測する。

食道がんも本県は罹患率で男性が5位、女性が10位と全国的に高い結果となった。がんセンター消化器外科の中川悟医師（49）は「アルコールを多く摂取する習慣がある地域ほど罹患率が高い傾向にあり、新潟はもともと食道がんが多いといわれてきた」と説明する。飲酒だけでなく、喫煙の習慣化も危険因子となる。また中川医師によると、酒を飲むと赤くなりやすい人は特にリスクが高いという。

食道がんは、初期段階では自覚症状がないことが多く、進行して見つかることが少なくない。中川医師は「飲酒、喫煙を控え、野菜や果物を摂取することも予防につながる」と呼び掛ける。

一方、本県の肝臓がん（肝内胆管を含む）の罹患率は男女とも、全国で最も低かった。肝臓がんは主にC型肝炎ウイルスの感染が原因となって肝炎を発症し、長い時間をかけて肝硬変、がんへと進行するタイプが最も多い。罹患率は西日本で高い傾向にあり、新潟大大学院の寺井崇二教授（50）＝消化器内科学＝は「ウイルス感染者が多い地域と一致している」と指摘する。

ただ、近年は感染予防の対策が進み、ウイルスの排除に効果的な新薬も登場。ウイルス性がんは減少傾向にある。

一方で新たな課題として挙げられているのが、糖尿病や肥満などが関係する非ウイルス性のがんだ。寺井教授は本県でもこうしたタイプの患者が増えているとし、「メタボリック症候群の予防対策などに力を入れる必要がある」と警鐘を鳴らす。

部位別に見る新潟県のがん

国立がん研究センターのデータなどを基に、部位別の全国的な傾向や本県の状況をまとめた。

【全部位の概要】

地域ごとの年齢による人口構成の差を調整した「年齢調整罹患率」（10万当たり、上皮内がんを除く）の高さを47都道府県で比較すると、男性は（1）秋田（2）和歌山（3）石川の順で、女性は（1）東京（2）石川（3）福岡。本県は男性17位、女性26位。全国的に罹患率は男女とも2011年より低くなり、増加に歯止めがかかった格好だが、本県は増加が続いている。

【大腸がん】

近年、増加が指摘されているがんの一つ。東北や中部地方などで罹患が目立つ傾向があるる。本県の罹患率は、男性24位、女性が20位。ただ、全国の推計を「100」として比べた場合、女性の罹患は平均並みなのに対し、死亡は平均を大きく上回った。40歳以上には年1回の便潜血検査が推奨されているが、検診の強化など早期発見・治療に向けた取り組みが求められている。

【乳がん】

全国でも、本県でも女性でかかる人が多いがん。全国の2割を占める。都市部で多い傾向がみられ、（1）東京（2）福岡（3）愛媛。本県は14位。発症は30代前半から急増し、40代後半で最初のピークが訪れるが、若年層でも注意が必要だ。

【肺がん】

本県、全国ともがんによる死因のトップで、喫煙との関係も指摘される。がんになる人は西日本に多い傾向がみられ、男性は（1）和歌山（2）石川（3）香川。女性は（1）石川（2）福岡（3）東京―の順だった。本県の罹患率は男性22位、女性28位。進行してから診断されるケースが多く、本県でも34％が、がんが他の臓器などに遠隔転移した段階で見つかっている。

【前立腺がん】

本県の罹患率は34位と、全国では低い方にある。ただ、全国では増加が頭打ちになり、罹患率が減少に転じたのに対し、本県では増加が続いている。罹患率は長野がトップだが、患者の割合に地域差は比較的少ない。

【膵臓《すいぞう》がん】

本県では12年の死亡者数は717人で4番目に多い。同年の罹患数は732人で、罹患率は男性19位、女性32位だった。進行してから見つかることが多く、隣接する臓器に浸潤した段階の人が31・3%、遠隔転移していた人が48・5%と、合わせて約8割を占める。

新潟県内のがん医療の拠点

厚生労働省は、全国どこでも質の高いがん診療が受けられるように、専門医の配置をはじめ、緩和ケア医療や相談支援の体制などが整った医療機関を「がん診療連携拠点病院」として指定している。地域がん診療病院の制度は2014年に新設された。また県では、がん診療連携拠点病院に準じる医療や相談支援を行う病院を「がん診療連携拠点病院に準じる病院」に認定している。

■都道府県がん診療連携拠点病院

県立がんセンター新潟病院（新潟市中央区）

■地域がん診療連携拠点病院

県立新発田病院（新発田市）
新潟大医歯学総合病院（新潟市中央区）
新潟市民病院（新潟市中央区）
長岡赤十字病院（長岡市）
長岡中央綜合病院（長岡市）
県立中央病院（上越市）
新潟労災病院（上越市）

■地域がん診療病院

佐渡総合病院（佐渡市）

■がん診療連携拠点病院に準じる病院

立川綜合病院（長岡市）
柏崎総合医療センター（柏崎市）
上越総合病院（上越市）
西新潟中央病院（新潟市西区）
済生会新潟第二病院（新潟市西区）

―2017年4月1日現在―

新潟県内の主ながん関連患者会・サロン

名　　称	対　象　者	連絡先など
あけぼの新潟	乳がん患者ら	県立がんセンター新潟病院で「あけぼのハウス」を開催 代表の内藤さん、 ☎025（233）2118 （午後2時以降）
いやしの会	患者	県立がんセンター新潟病院相談支援センター、 ☎025（266）5161
胃・友の会	胃の手術経験者・家族	県立がんセンター新潟病院研究資料室、 ☎025（266）5111 （平日午後3時まで）
エンジェルスマイル	女性患者	十日町地域 代表の田中さん、 ☎090（2179）4383
オークの木	小児がん経験者	県立がんセンター新潟病院相談支援センター、 ☎025（266）5161
がんカフェ なごみ会	患者・家族	新潟大学医歯学総合病院 「むす美プロジェクト」代表の谷さん、 ☎090（5795）4352 （午後6～8時）
がんの子どもを守る会新潟支部	小児がん患者の家族	県立がんセンター新潟病院相談支援センター、 ☎025（266）5161
越の絆	前立腺全摘をした患者・家族	上越地域 代表の森橋さん、 ☎025（525）1641
さつき会	前立腺がん患者	県立がんセンター新潟病院相談支援センター、 ☎025（266）5161

名　称	対象者	連絡先など
新声トキの会	咽頭・喉頭を摘出し、シャント発声に取り組む人	県立がんセンター新潟病院代表の中村さん、☎025（269）0901
SMILE（すみれ）の会	新潟大学医歯学総合病院に入院中・入院していた小児の親	電子メール smile.b.shindai@gmail.com
長岡中央綜合病院　がんサロン	患者・家族	がん相談支援センター、☎0258（35）3700
新潟市民病院患者サロン	患者・家族	がん相談支援センター、☎025（281）5151（内線1718）
新潟県美鈴会	喉頭を摘出した患者・家族	会長の小笠原さん、☎0254（32）3280 長岡教室代表・田本さん、☎070(6668)8198
日本オストミー協会県支部雪椿友の会	人工肛門と人工膀胱の患者・家族	源川医科器械内、☎025（229）7775
ひだまりサロン	乳がん患者・家族	新潟市民病院 がん相談支援センター、☎025（281）5151（内線1718）
ひまわり会	乳がん、婦人科がん患者で術後のリンパ浮腫の症状で悩む人	県立がんセンター新潟病院 相談支援センター、☎025（266）5161
ほほえみサロン千秋	患者・家族	長岡赤十字病院 がん相談支援センター、☎0258（28）3600

がんに関する主な情報

◈インターネット

名　　称	HPアドレス	備　考
がん情報サービス	http://ganjoho.jp/	国立がん研究センターがん対策情報センターが発信
キャンサーネットジャパン	http://www.cancernet.jp/	NPO法人キャンサーネットジャパンが発信
「統合医療」情報発信サイト	http://www.ejim.ncgg.go.jp/	厚生労働省「統合医療」にかかわる情報発信等推進事業。民間療法をはじめとする代替医療について、科学的根拠に基づいた情報を紹介

◈冊子

名　　称	備　考
がんサポートハンドブック	県などが作成。県内の相談窓口や、支援制度など掲載
各種がんシリーズ	国立がん研究センターがん対策情報センターが作成

◈病院内図書

病院名	場　所	備　考
県立がんセンター新潟病院（新潟市中央区）	「からだのとしょかん」	医学関連書を中心に約1000冊の蔵書がある
長岡赤十字病院（長岡市）	2階図書コーナー	がんの闘病記など約700冊の蔵書がある

※がん診療連携拠点病院などへの取材を基に作成

おわりに

生涯のうち2人に1人がかかる身近な疾患――。２０１５年1月にスタートした長期企画「がんと向き合う」の中で、私たちは幾度となく、こうした表現を使ってきました。医療の進歩で「がん=終わり」の時代ではなくなり、がんと共存しながら日常生活を送る方が大勢いらっしゃいます。

昨年12月、改正がん対策基本法が成立しました。企業側の仕事継続や就職への配慮をはじめ、小児がん患者が教育と治療を受けられる環境整備、難治性がんや希少がんの研究促進などが盛り込まれています。私たちも個々の連載テーマとしてきましたが、まだ課題はたくさんあります。

取材では、患者ご本人やご家族、医療関係者、支援者ら、多くの方に話を聞かせていただきました。「私の経験が役に立つなら」と苦しい思いを明かしてくれた方もいます。この企画は第35回ファイザー医学記事賞の大賞受賞という評価もいただきましたが、こうしたご協力があってのものです。取材班を代表して、心からお礼を申し上げます。

がんになっても安心して暮らせる社会に一歩でも近づけるよう、私たちも引き続き、取材に向き合っていこうと思います。

2017年5月

新潟日報社報道部デスク　石原亜矢子

「がんと向き合う」は次の記者が担当しました。

江森美奈子、平井玲子、小柳香葉子、三木ゆかり（以上報道部）、佐藤渉（現ふれあい事業部）、清水祐子（現整理部）、金子悟（現運動部）

がんと向《む》き合《あ》う　安心して暮らせる社会へ

2017（平成29）年５月26日　初版発行

編著者　新潟日報報道部
発行者　鈴　木　聖　二
発行所　新潟日報事業社
〒950-8546　新潟市中央区万代 3-1-1
TEL 025-383-8020　FAX 025-383-8028
http://www.nnj-net.co.jp

印刷・製本　株式会社 小　田

ISBN978-4-86132-652-3